Je suis un artiste de l'Égypte antique

W0241689

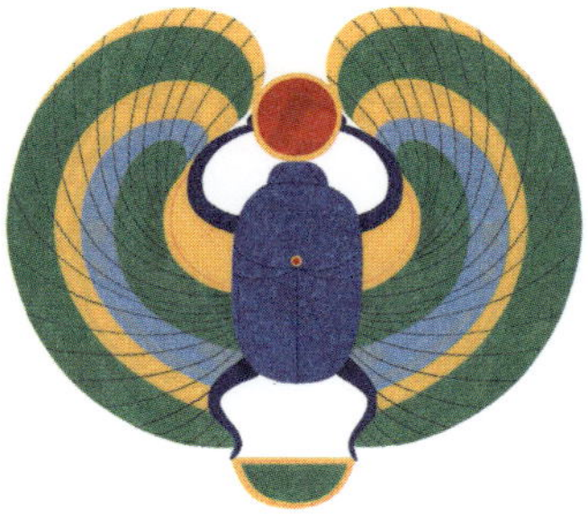

Écrit par Anne-Sophie Coppin
Illustré par Joséphine Vanderdoodt

mila éditions

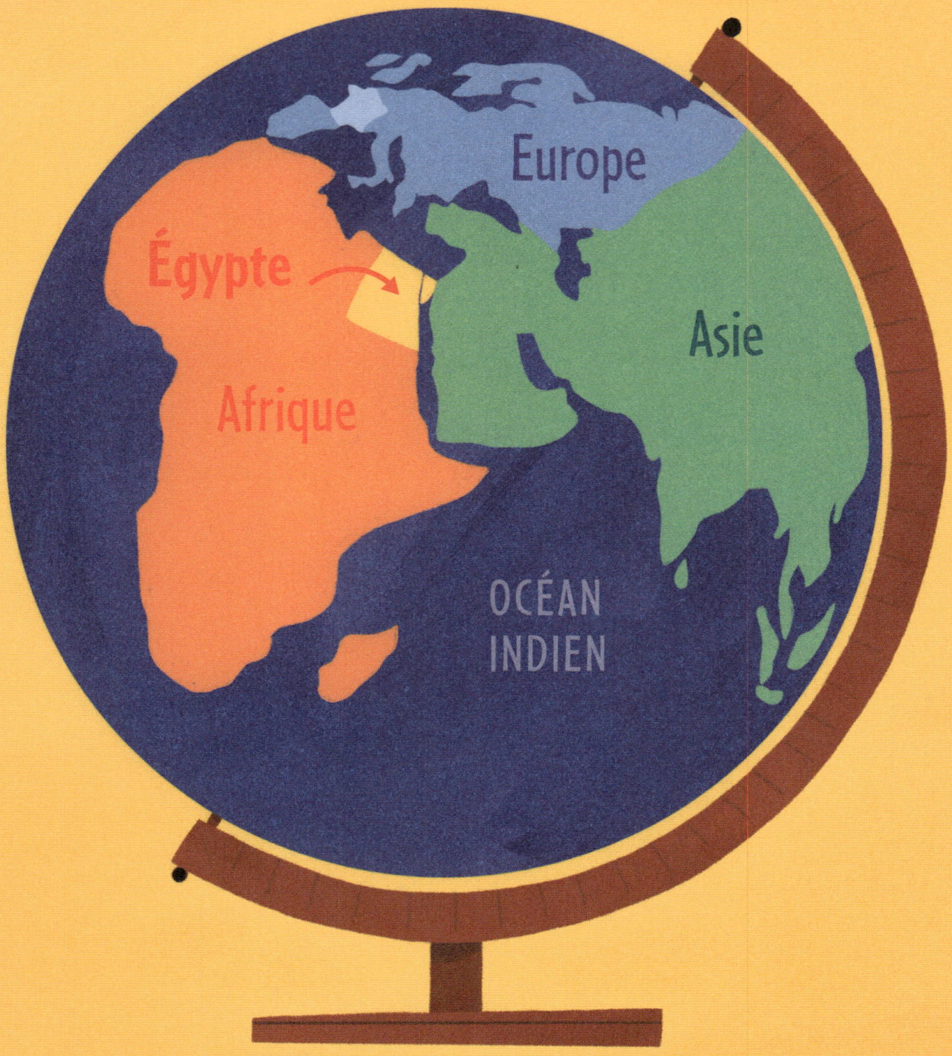

La civilisation de l'Égypte antique est l'une des plus importantes de l'histoire. Elle a pendant plus de 3 000 ans, occupé un très grand territoire en Afrique. Elle s'est organisée autour d'un grand fleuve, le Nil, qui était vénéré comme un dieu. L'Empire égyptien gouverné par les pharaons se divisait en deux parties, le delta du Nil, nommé Basse-Égypte et au sud, la Haute-Égypte, appelée ainsi car les terres étaient plus hautes que le niveau de la mer. Les recherches archéologiques ont permis de découvrir des pyramides, des tombeaux, des sarcophages, des rouleaux de papyrus, des hiéroglyphes, des trésors qui nous racontent l'histoire de cette incroyable civilisation que tu vas découvrir ici.

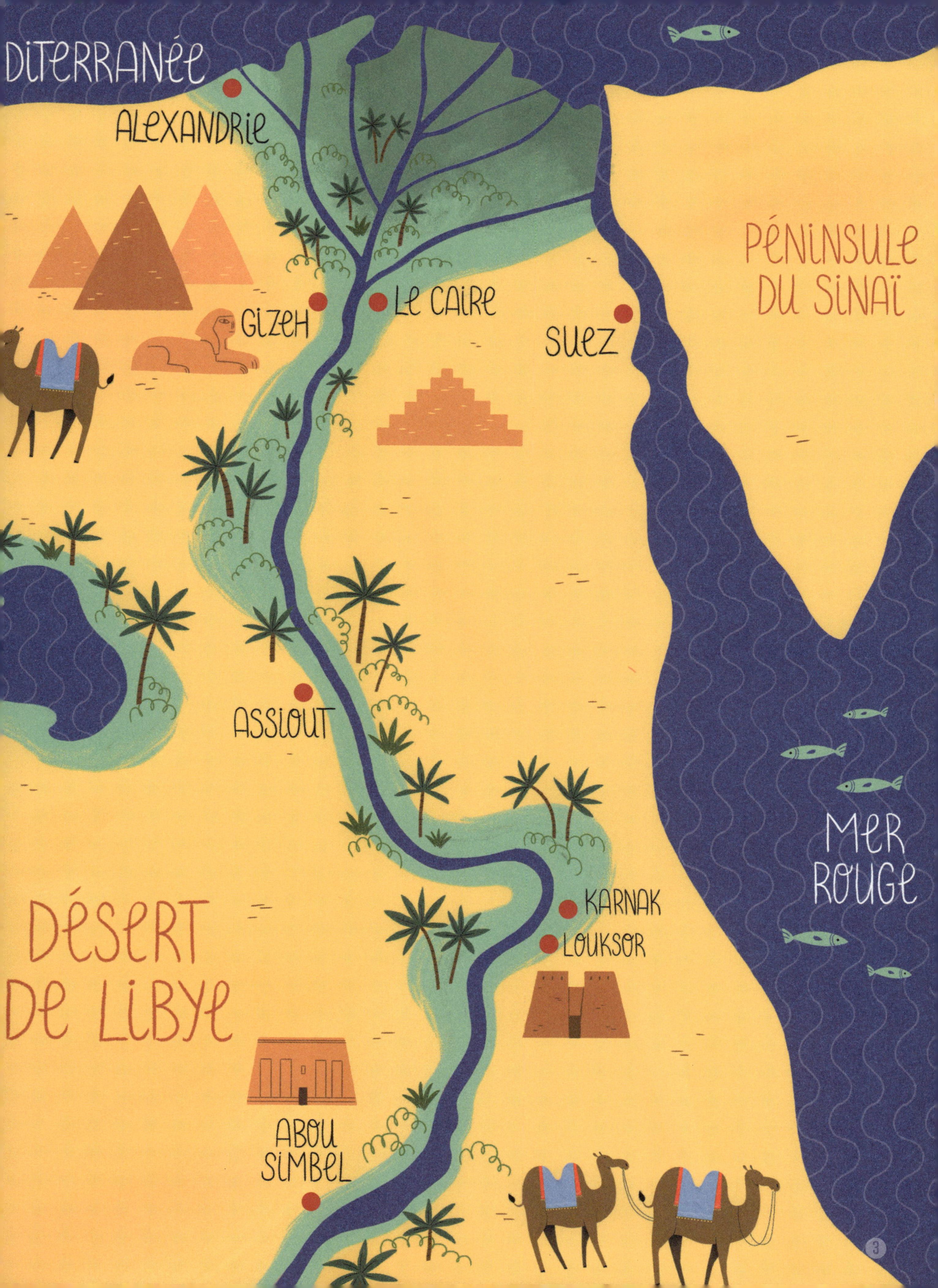

DITERRANÉE
ALEXANDRIE
GIZEH
LE CAIRE
SUEZ
PÉNINSULE
DU SINAÏ
ASSIOUT
KARNAK
LOUKSOR
MER
ROUGE
DÉSERT
DE LIBYE
ABOU
SIMBEL

L'APPARENCE

Dans l'Égypte antique, l'apparence et l'élégance avaient beaucoup d'importance. Chacun prenait grand soin de sa toilette, de son habillement, de sa coiffure et de son maquillage ! Les hommes portaient un pagne traditionnel ceinturé à la taille, le chendjit et les femmes une robe de lin avec des bretelles ou savamment nouée autour du cou. On pouvait porter des perruques, des colliers et des amulettes porte-bonheur.

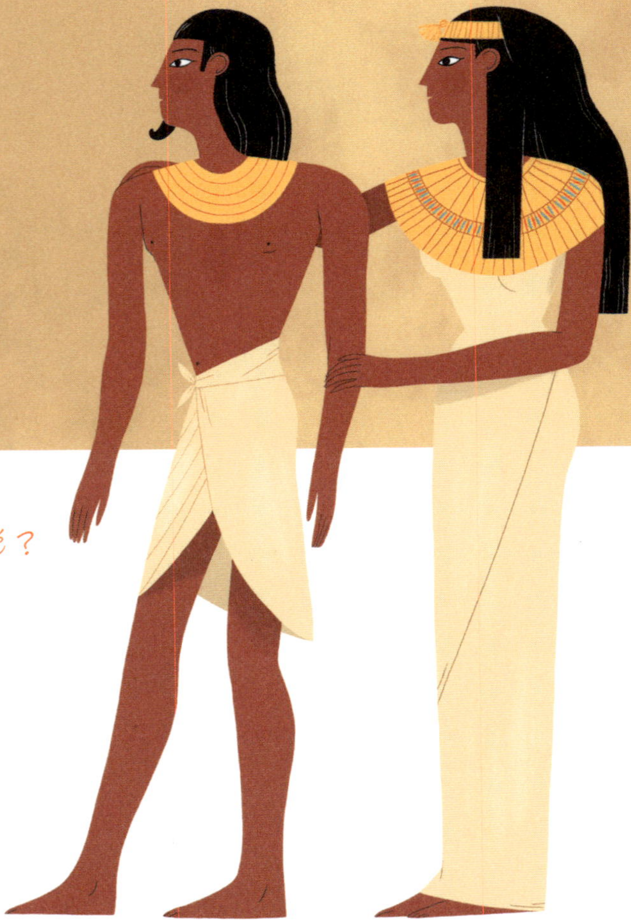

Et toi ? Si tu étais un artiste de l'Égypte antique, comment serais-tu habillé et maquillé ? Représente-toi comme si tu vivais à cette époque.

Tout le monde se maquillait surtout les yeux pour des raisons esthétiques mais aussi médicales et spirituelles ! En effet, le khôl, qui se compose de pigments broyés et de graisse animale, était appliqué autour de l'œil avec un bâton. Cela protégeait du soleil et éloignait « le mauvais œil ».

LE SAIS-TU ?

L'œil oudjat est un symbole de protection qui représente l'œil du dieu faucon Horus.

À ton tour ! Essaie de dessiner l'œil d'oudjat.

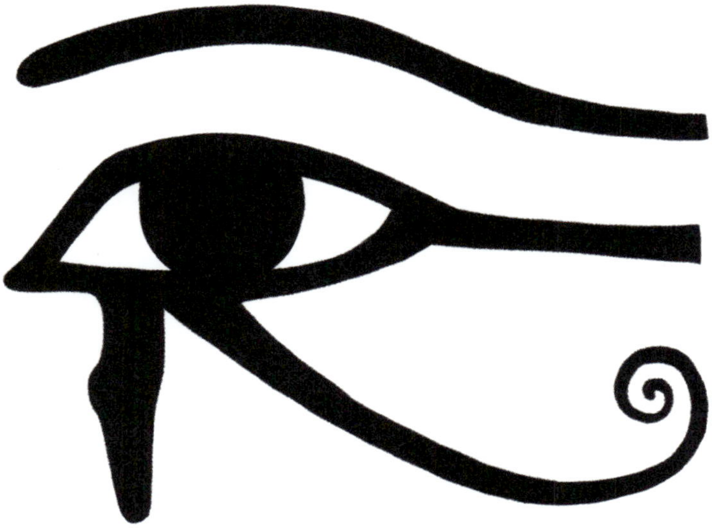

Pour se maquiller, les hommes et les femmes utilisaient des palettes pour broyer et étaler les minéraux. Elles ont souvent une forme d'animal, poisson, hippopotame, bélier ou faucon.

Toi aussi, dessines-en une !

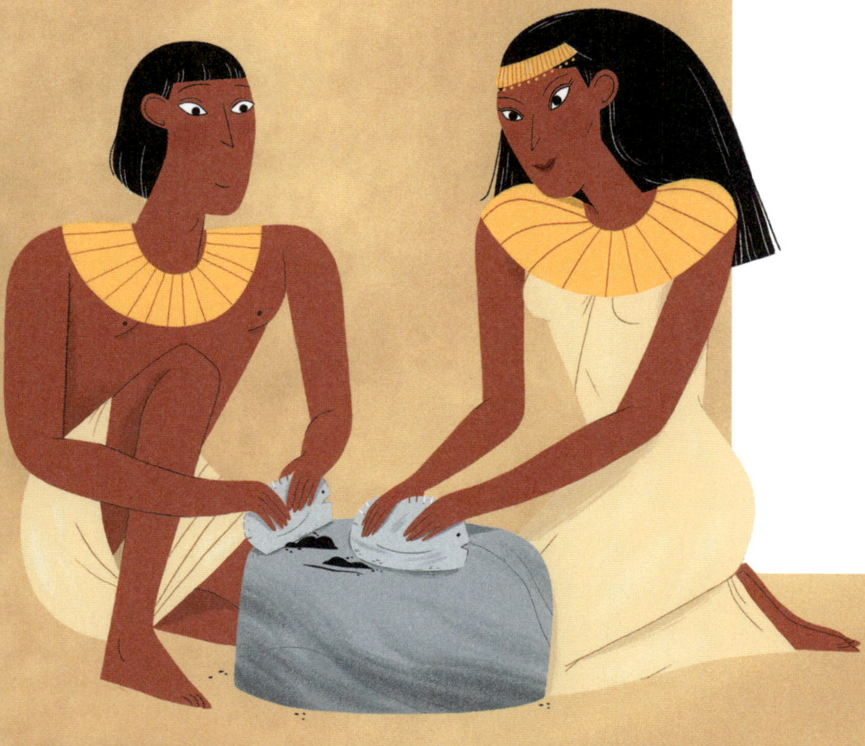

LES PHARAONS

Pharaon vient de l'égyptien *per-aâ* qui désigne une grande maison, un palais royal, c'est pourquoi ce nom a été donné aux rois de l'Égypte antique. Petits, les futurs rois et reines devaient suivre une éducation rigoureuse pour être cultivés, sportifs, chefs de guerre.

Deux célèbres pharaons furent Ramsès II qui régna pendant soixante-sept ans et Toutankhamon, qui lui devint roi à seulement neuf ans ! Quant aux reines, Néfertiti, la *grande épouse* d'Akhenaton ou Cléopâtre VII, la dernière reine d'Égypte, sont les plus connues.

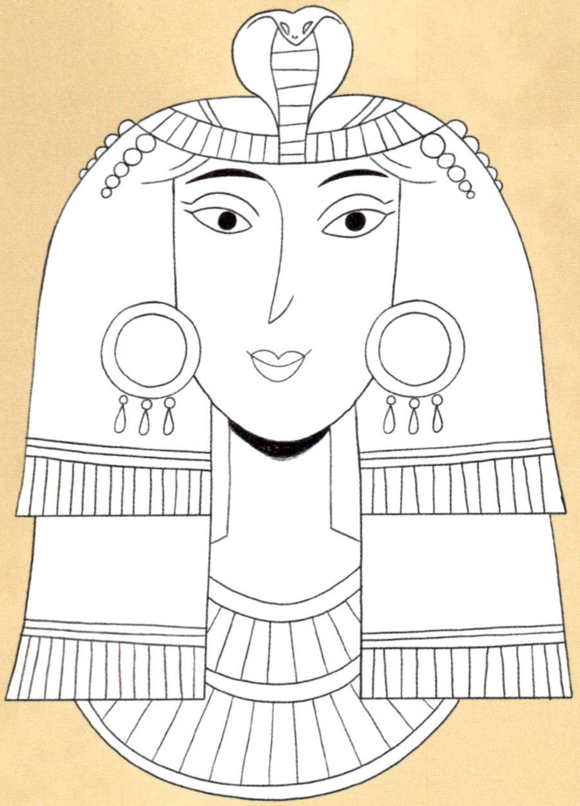

Cléopâtre, elle, fut la dernière des reines de l'Égypte antique.

Colorie sa coiffe royale et découvre le symbole de pouvoir qui s'y cache.

Néfertiti avait la réputation d'être la plus belle des reines de l'Égypte antique. Sauras-tu reproduire sa coiffe royale ?

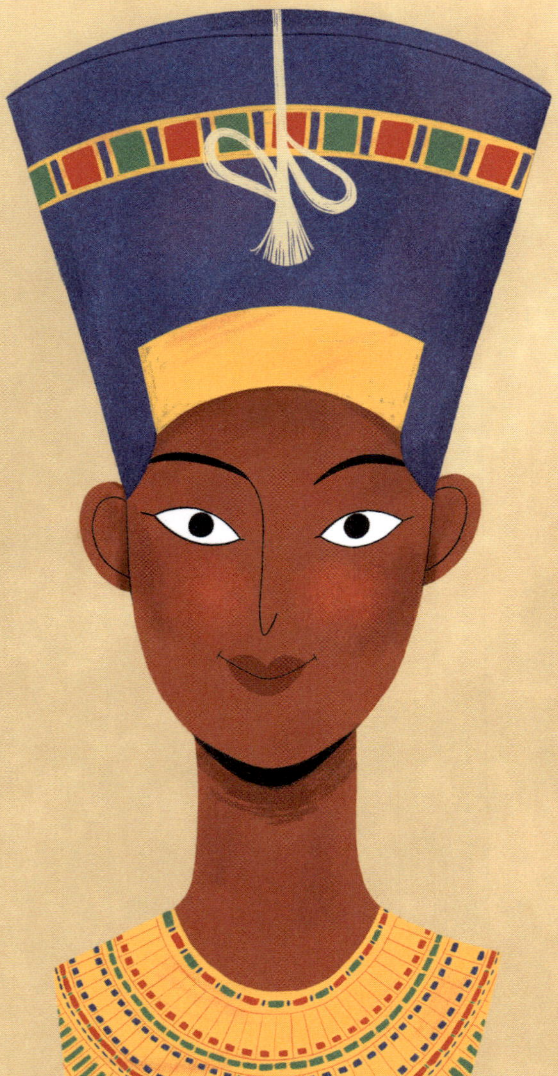

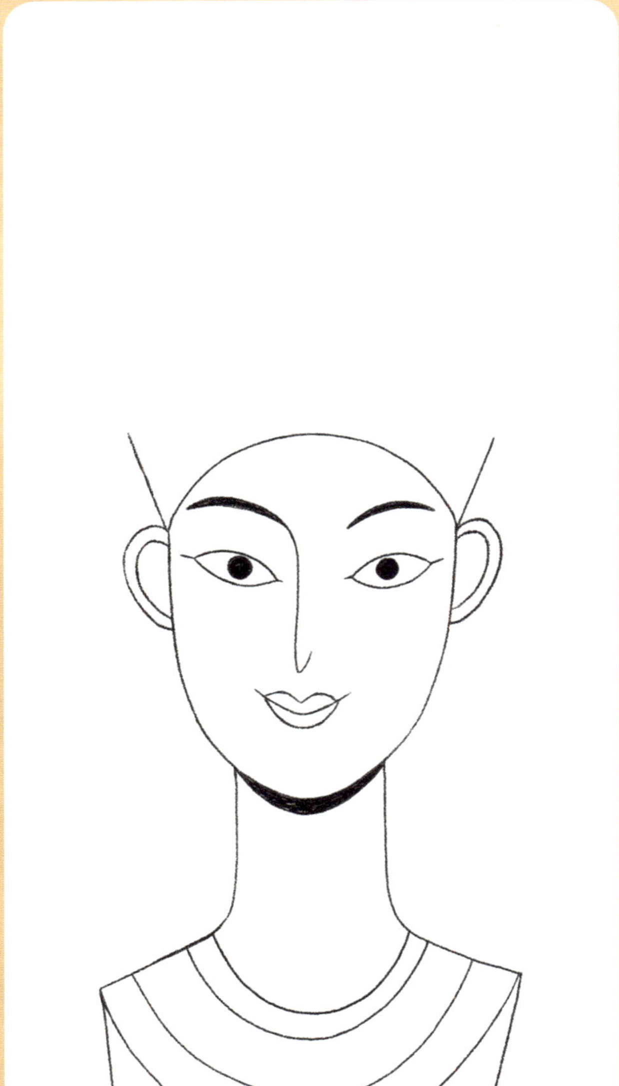

Saurais-tu dessiner un pharaon avec ses attributs royaux : le cobra symbole de la Basse-Égypte, le faucon, symbole de la Haute-Égypte, la couronne symbolisant l'union de l'Égypte, la coiffe royale et la barbe postiche nommées *némès*, le fléau et le bâton de berger, symbolisant le commandement ?

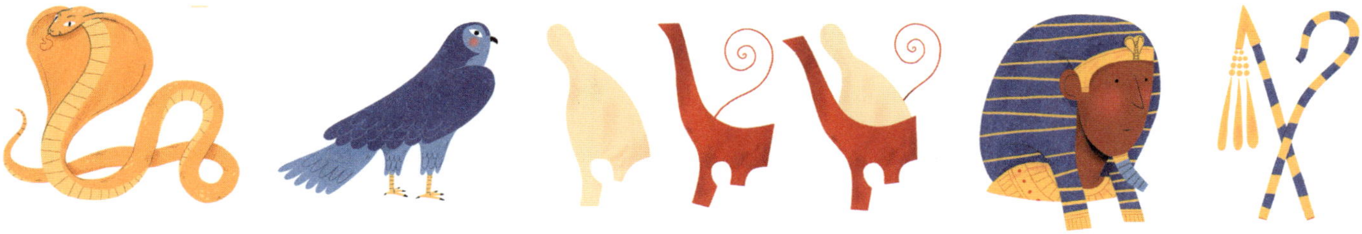

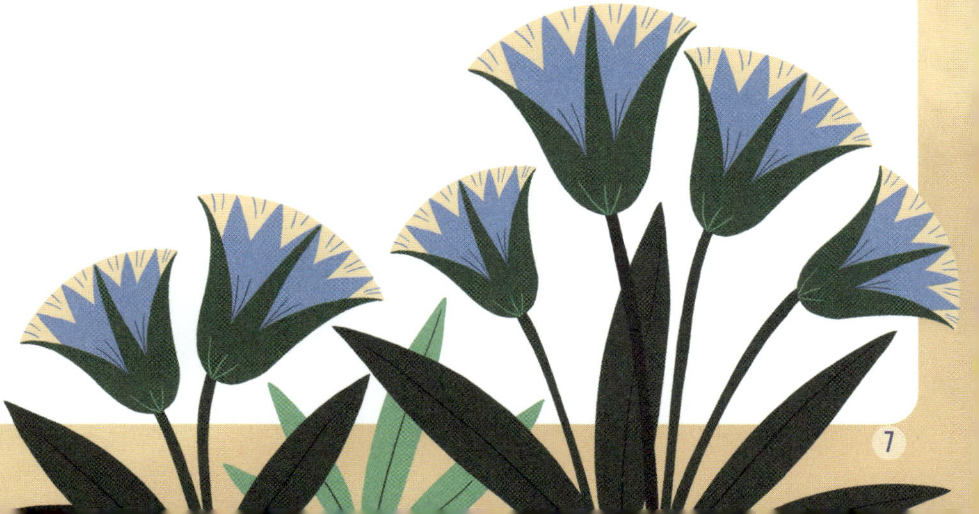

LES DIEUX

La religion de l'Égypte antique se compose de nombreux dieux et déesses car chaque localité en vénérait un ou une en particulier et lui dédiait un temple. Mais certains d'entre eux sont plus importants que d'autres et étaient vénérés par tous les Égyptiens. Les dieux et les déesses sont représentés soit sous une forme humaine soit sous une forme animale. L'un des plus importants est Horus, symbolisé par le faucon ou un homme à tête de faucon, il est le dieu protecteur du pharaon. C'est la raison pour laquelle il porte souvent la double couronne royale comme attribut.

LE SAIS-TU ?

Le dieu du soleil, que l'on appelle Rê ou Râ, est lui représenté comme un homme à tête de faucon coiffé d'un disque solaire. Les Égyptiens pensaient que la course du soleil du matin au soir était celle du dieu qui volait dans le ciel.

Complète le dessin pour représenter soit le dieu du soleil Rê, soit le dieu du pharaon Horus.

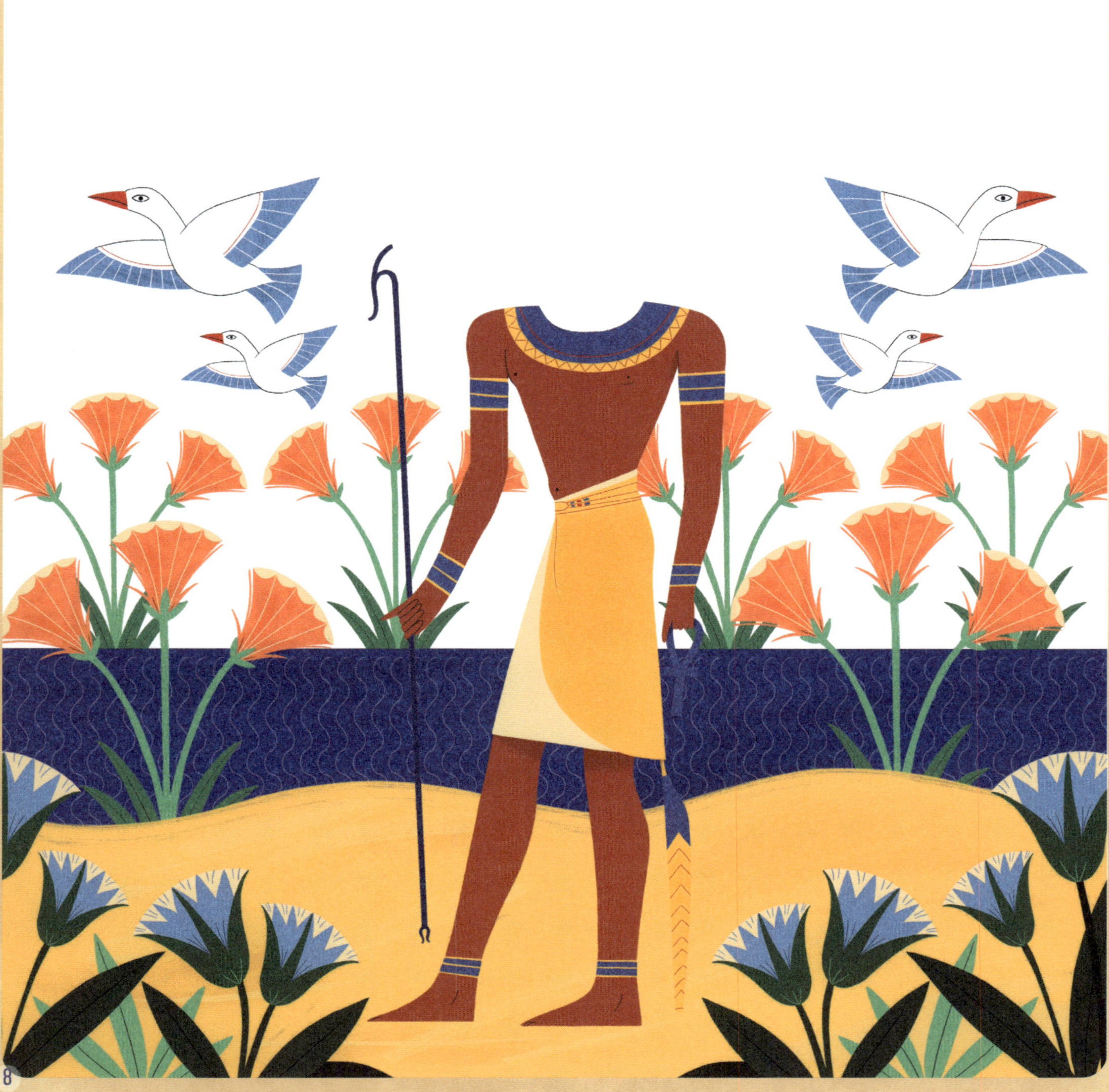

Isis est l'une des déesses les plus connues de l'Égypte antique. Elle est la mère d'Horus et la femme du dieu Osiris. Elle protège les mères et les enfants, elle a des pouvoirs de guérison et veille sur les morts. Reproduis-la avec son disque solaire sur la tête enserré de cornes de bœuf et ses grandes ailes.

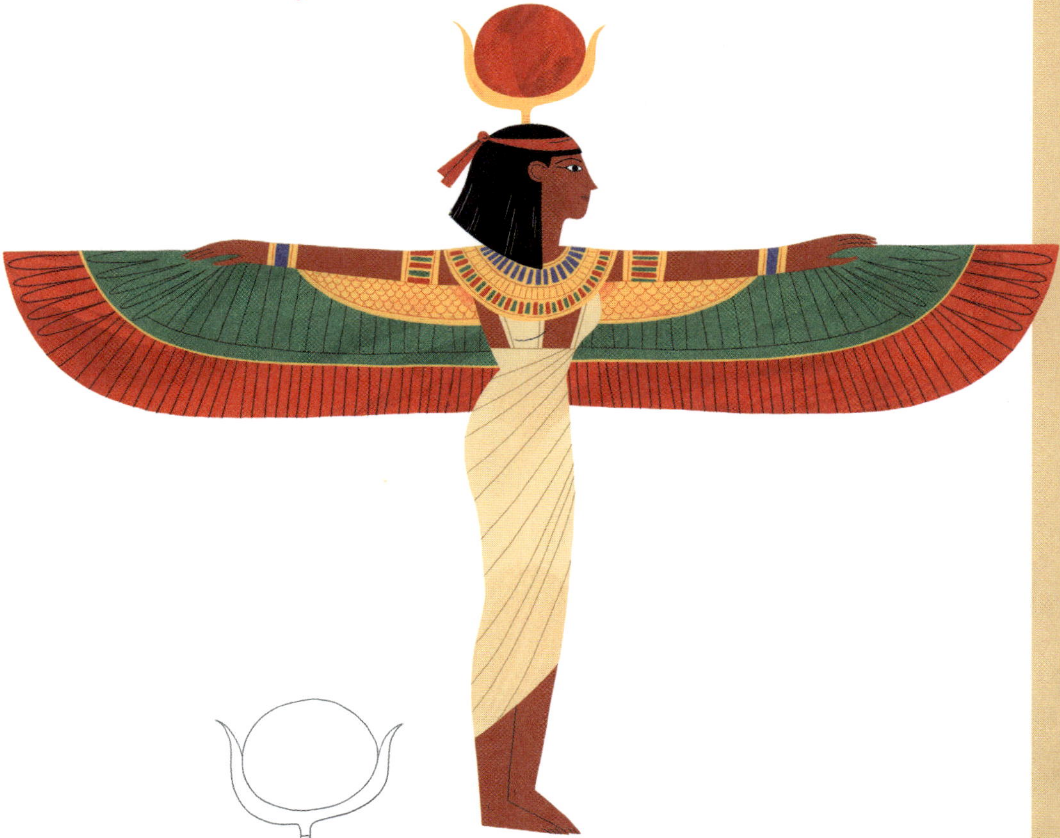

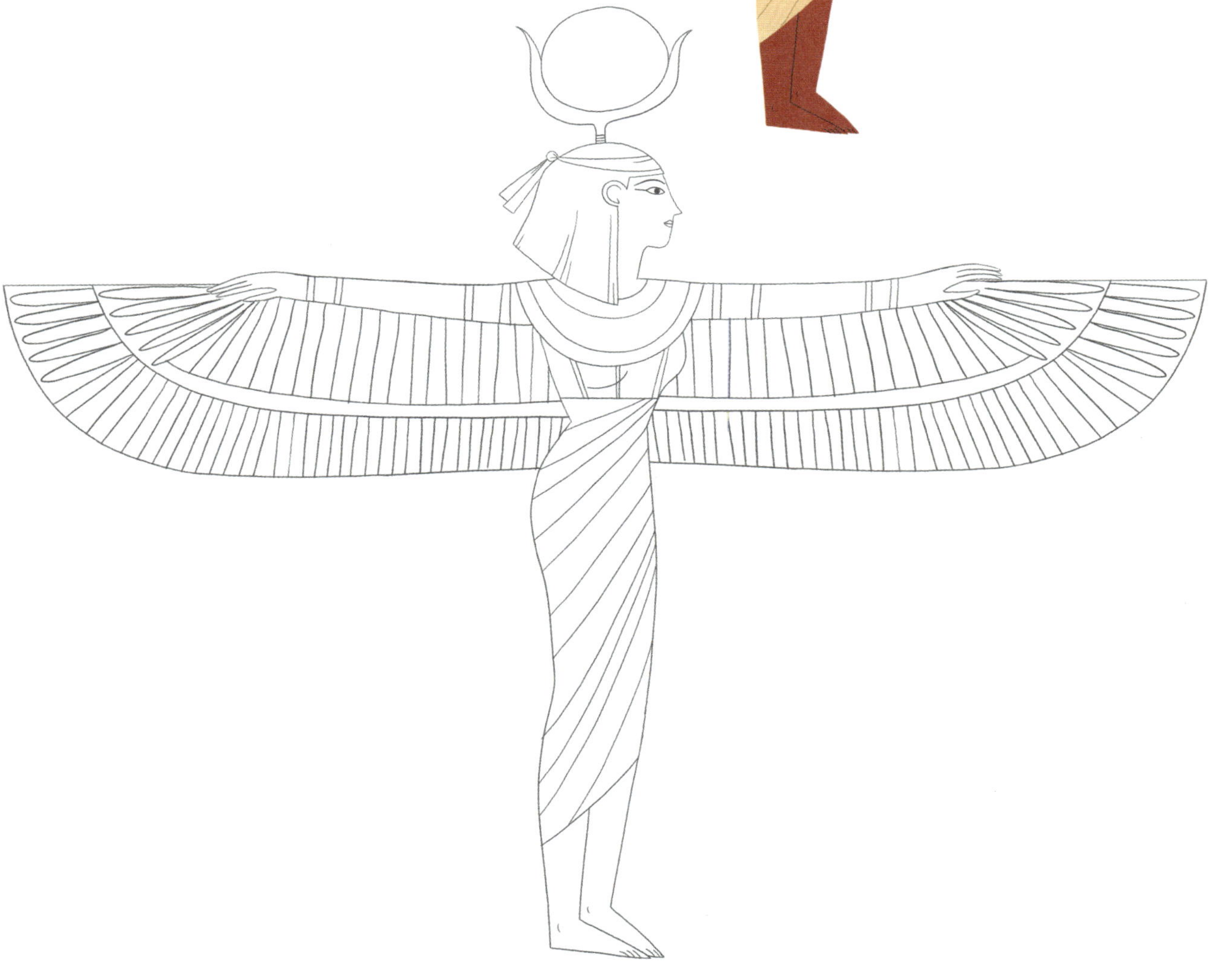

LES PYRAMIDES

Les pyramides ont été construites pour accueillir les tombes des pharaons. Les trois plus connues sont celles de Khéops, Khéphren et Mykérinos qui se trouvent sur le plateau de Gizeh qui compte en tout six pyramides. La plus grande est celle de Khéops. Elle mesure 146 mètres de haut et est composée de 6 400 000 tonnes de pierre dont la plus petite pèse 2 tonnes et demi ! Elle est considérée comme l'une des 7 merveilles du monde.

Redonne les jolies couleurs au Sphinx !

LE SAIS - TU ?

Devant les grandes pyramides de Gizeh, un sphinx couché à visage humain monte la garde ! Il a la particularité d'avoir le nez cassé. À l'origine, la tête était peinte en rouge, ses yeux maquillés de noir et la coiffe royale bleue et jaune.

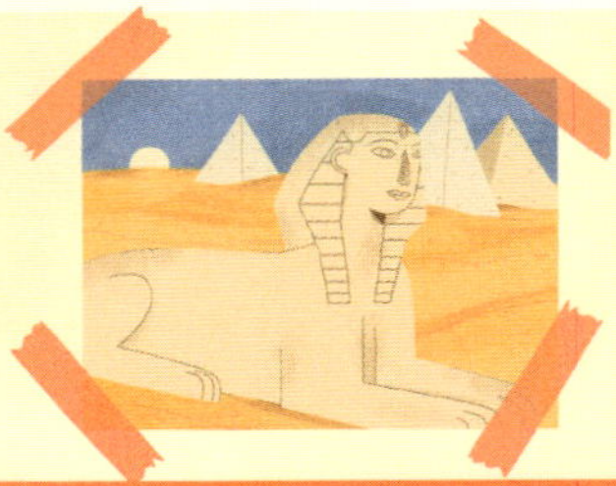

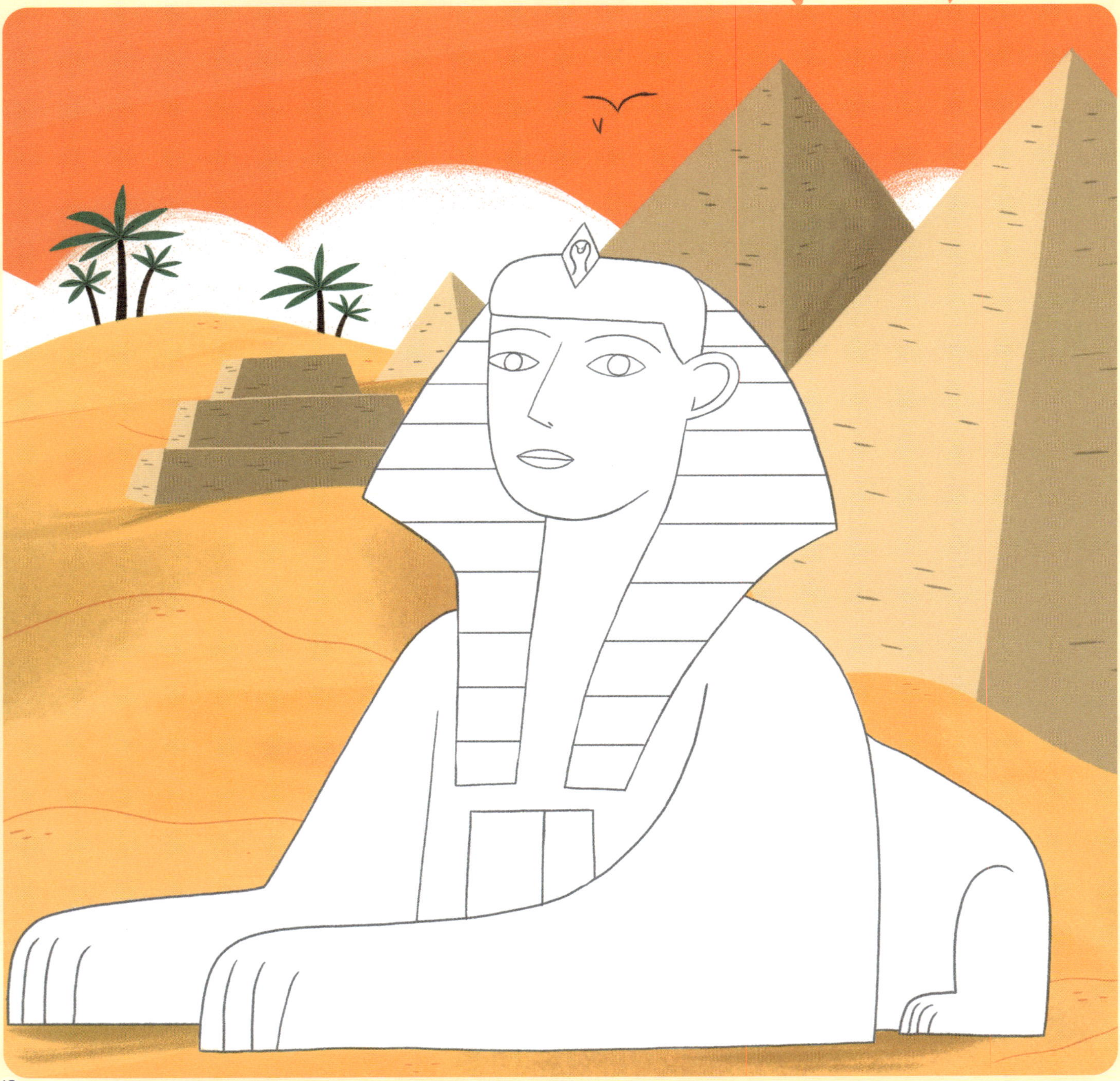

En t'aidant des points de repères, reproduis le complexe pyramidal de Gizeh.

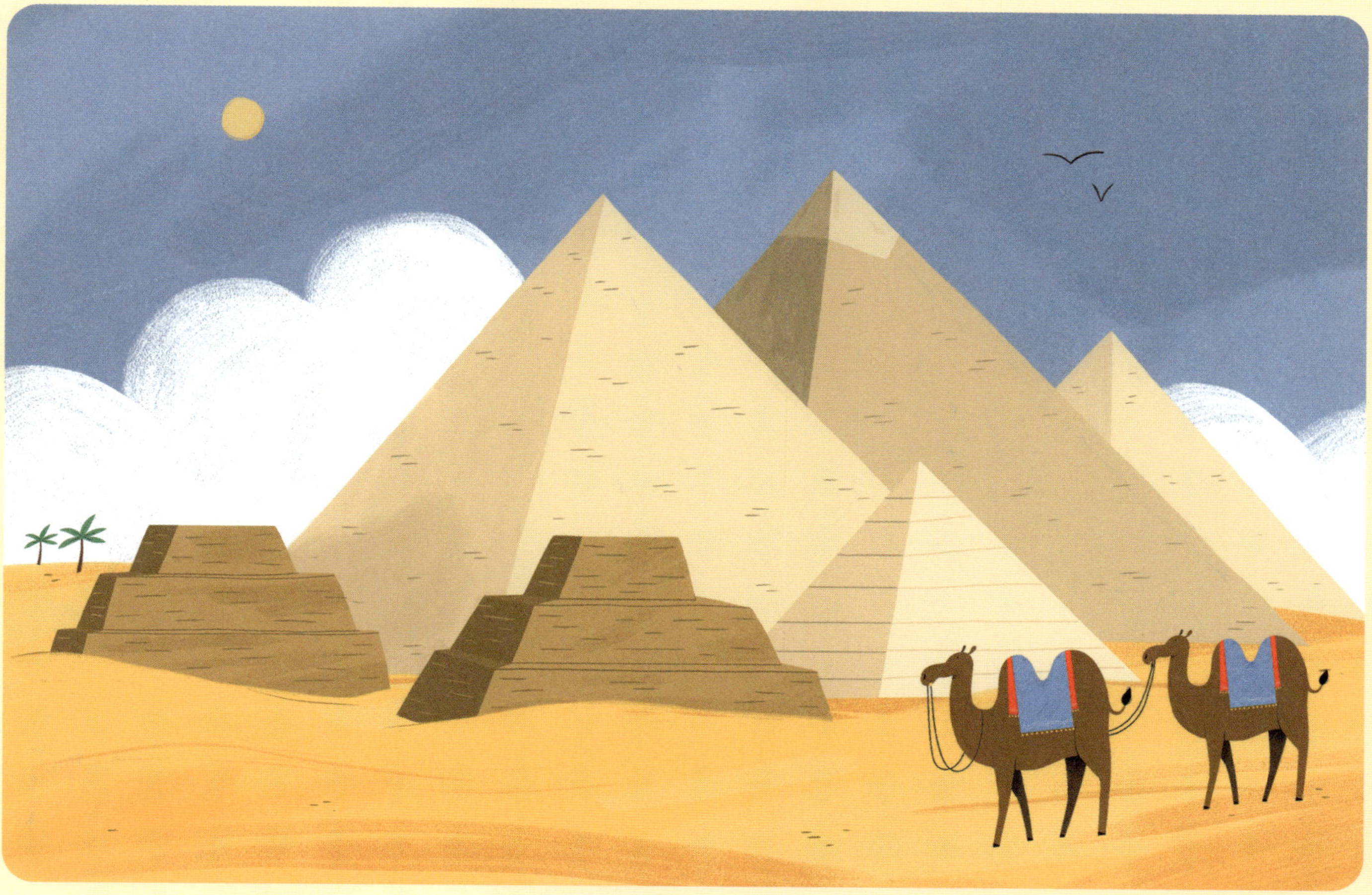

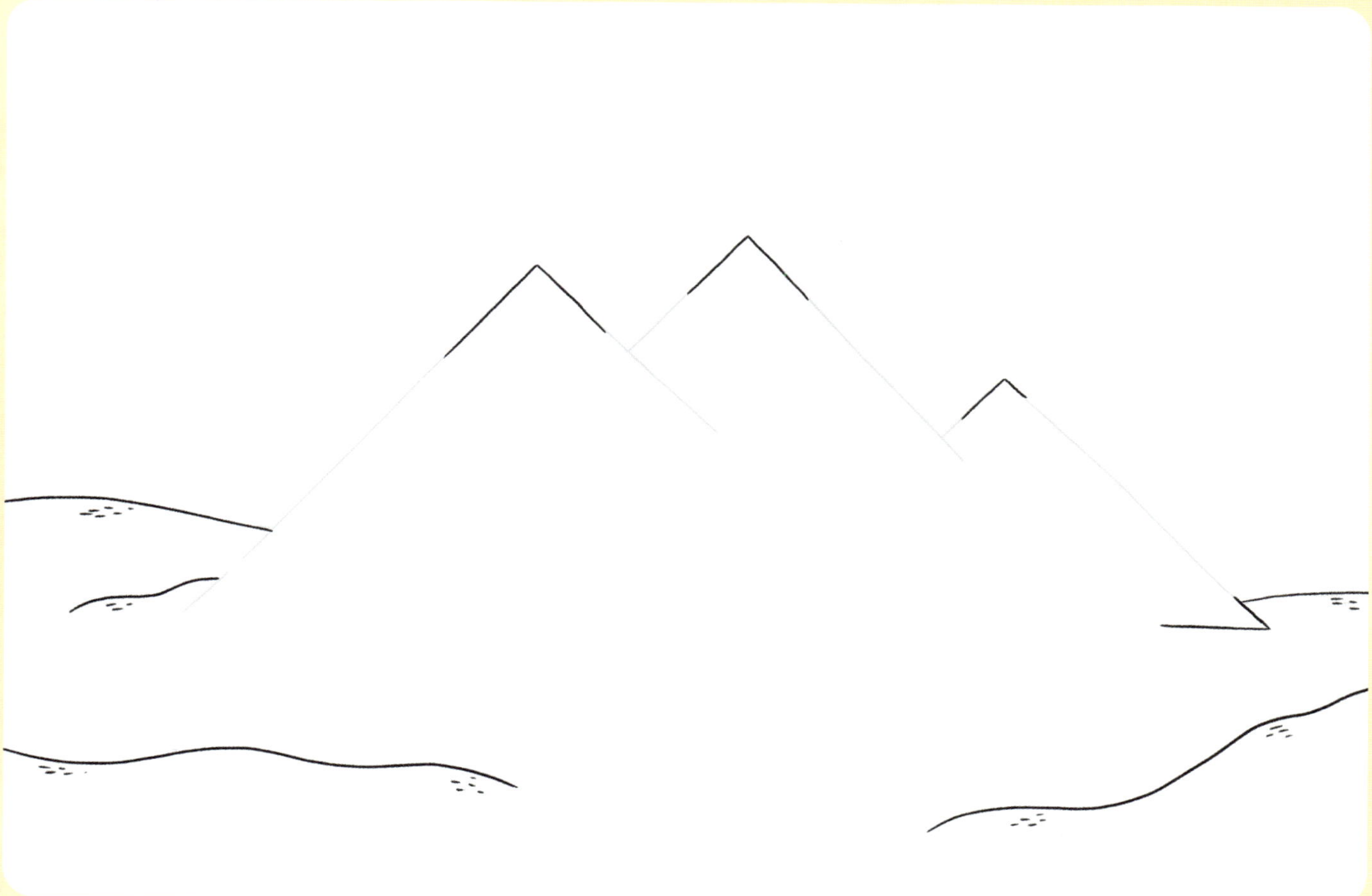

TOMBEAUX ET TRÉSORS ÉGYPTIENS

Dans l'Égypte antique, on pensait que la vie ne s'arrêtait pas avec la mort et que si l'on avait été bon dans le royaume des vivants, on pouvait avoir une nouvelle vie au royaume des morts. C'est pourquoi, dans les pyramides, des chambres funéraires étaient construites pour abriter toutes sortes d'objets nécessaires au voyage dans l'au-delà mais aussi à une nouvelle vie heureuse. Les pharaons se préparaient ainsi à la vie éternelle et leurs tombeaux découverts par des archéologues rassemblent les plus belles collections d'objets de l'Égypte antique.

LE SAIS-TU ?

L'une des plus riches découvertes de l'Égypte antique fut celle du tombeau du pharaon Toutankhamon où l'on retrouva des chars, des lits, de l'or, des sculptures, des habits, des bijoux, des armes, des instruments de musique, des jeux, de la nourriture.
Près de 5 400 objets furent trouvés !

Et toi, qu'emporterais-tu pour une nouvelle vie dans un autre monde ? Dessine les objets qui te représentent le mieux et ceux dont tu as besoin.

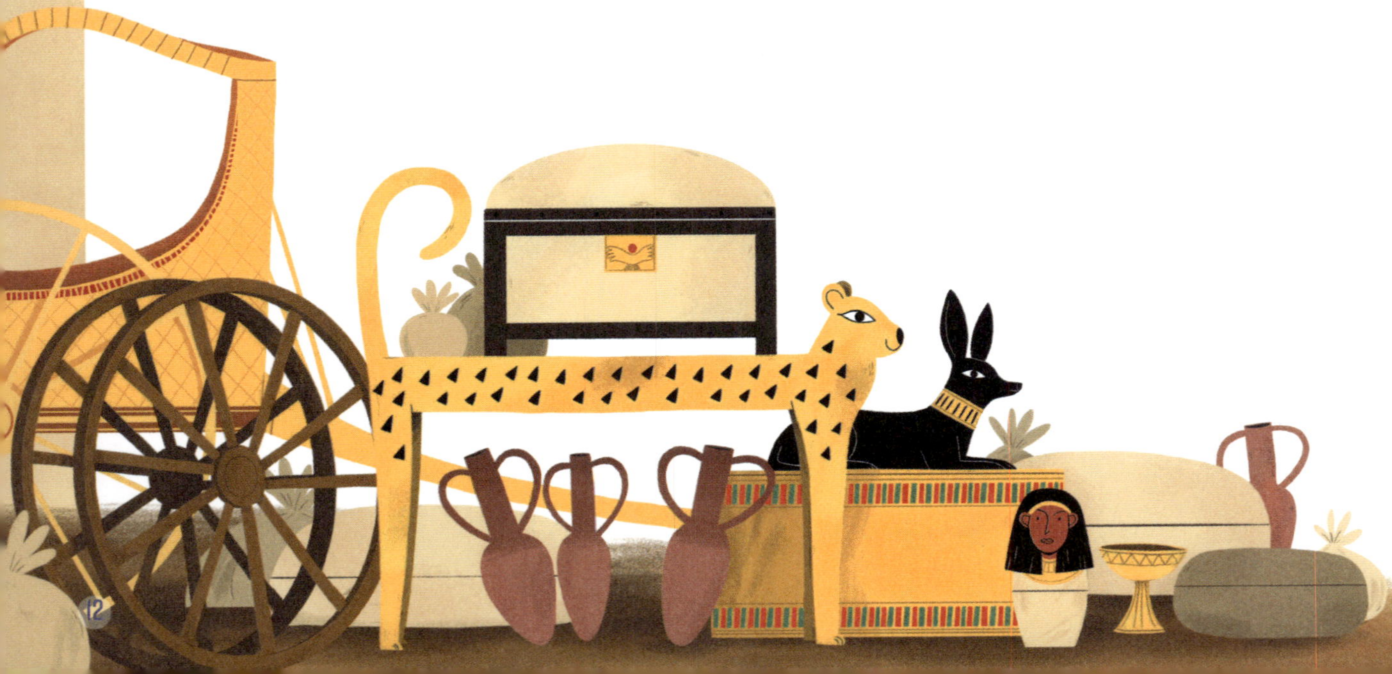

Les trésors des chambres funéraires étaient symboliquement protégés par des sculptures disposées tels des gardiens. Les deux plus célèbres sont celles du tombeau de Toutankhamon. Aide-toi du modèle pour en dessiner une.

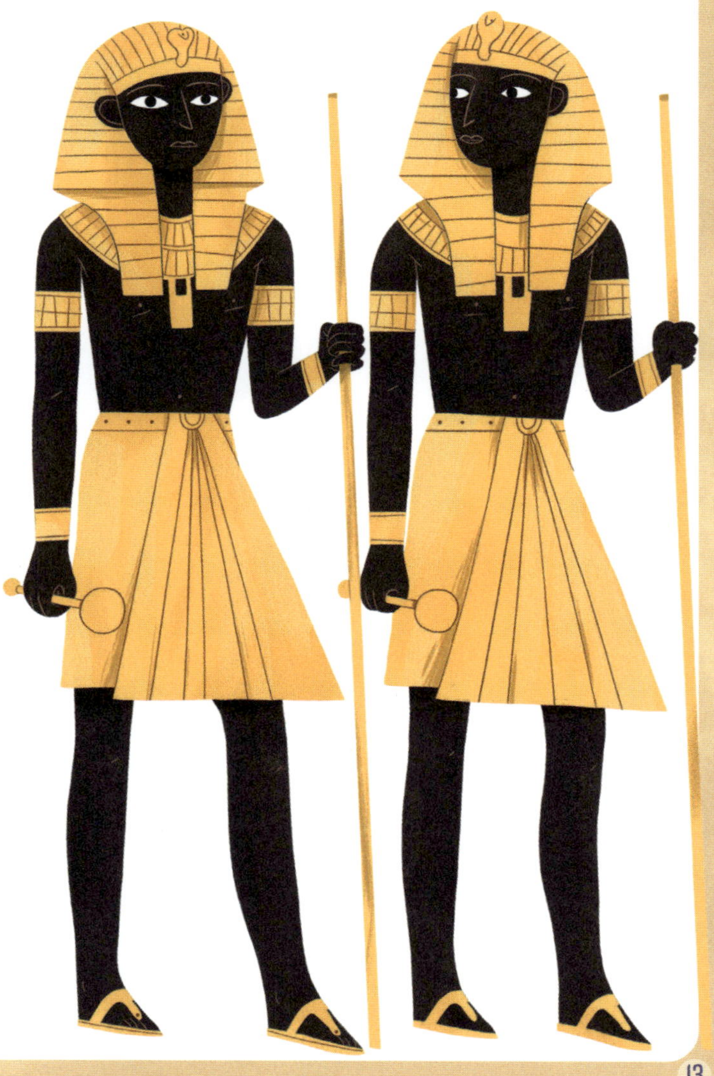

LES MOMIES ET LES SARCOPHAGES

Pour avoir accès la vie éternelle, les pharaons faisaient momifier leur corps pour que leur âme puisse survivre. La momification consiste à laver le corps du défunt, le vider, le sécher, l'enduire d'un baume aux plantes puis l'emballer de bandelettes, des centaines de mètres de bandelettes ! La momie ainsi préparée était ensuite placée dans un cercueil en bois qui, lui, était déposé dans un sarcophage souvent décoré d'or et de peintures.

La Vallée des Rois, où une montagne en forme pyramidale, est l'endroit où sont regroupés un grand nombre de tombeaux.

LE SAIS - TU ?

Sur la momie de Toutankhamon, il y avait un magnifique masque funéraire. Il pèse plus de 10 kg. Il est en or, en argent et en cuivre, ce qui le rend très brillant !

Pour découvrir l'incroyable masque de Toutankhamon, colorie-le en suivant le code couleur.

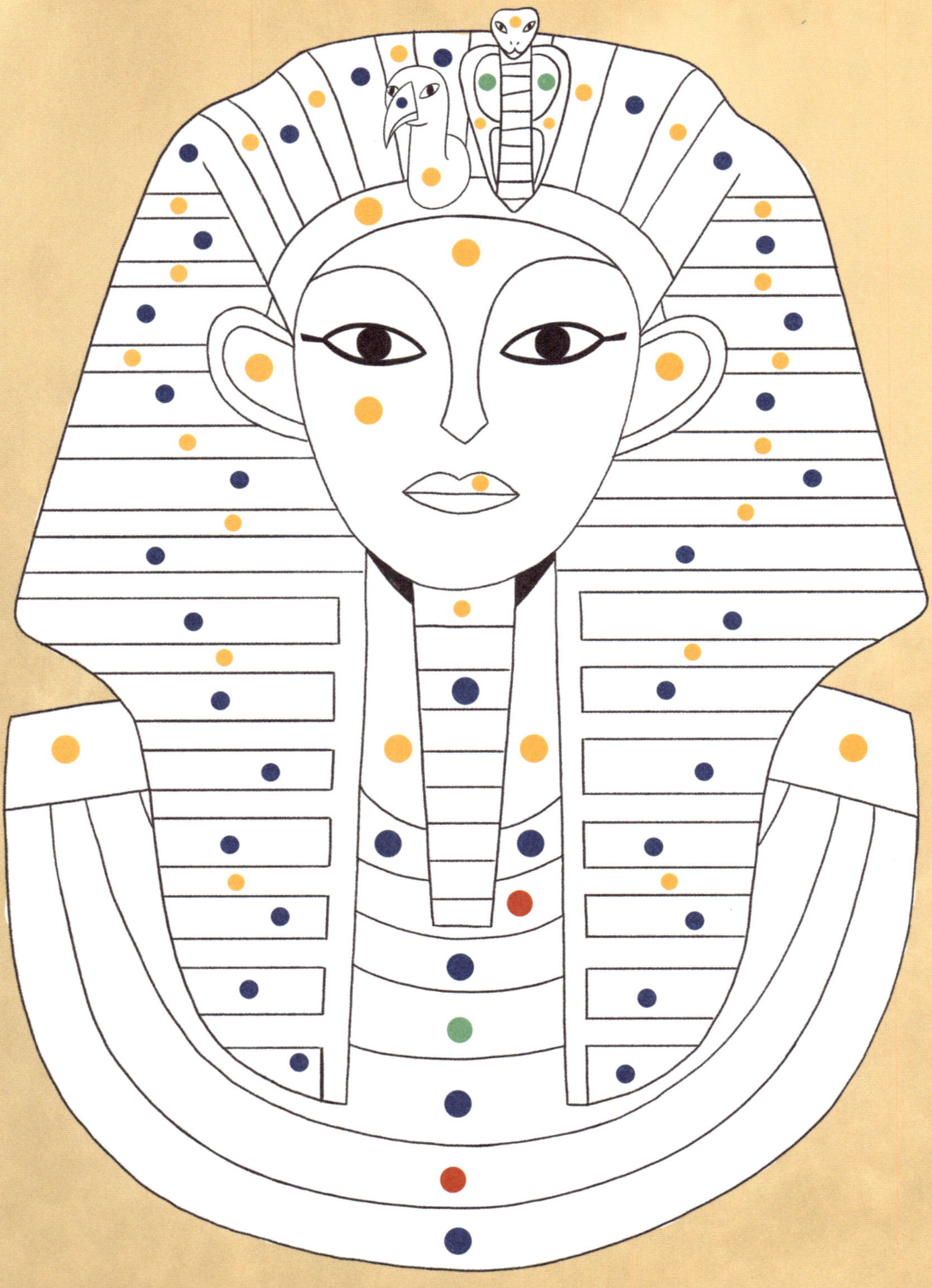

À ton tour, dessine une momie et colorie son sarcophage !

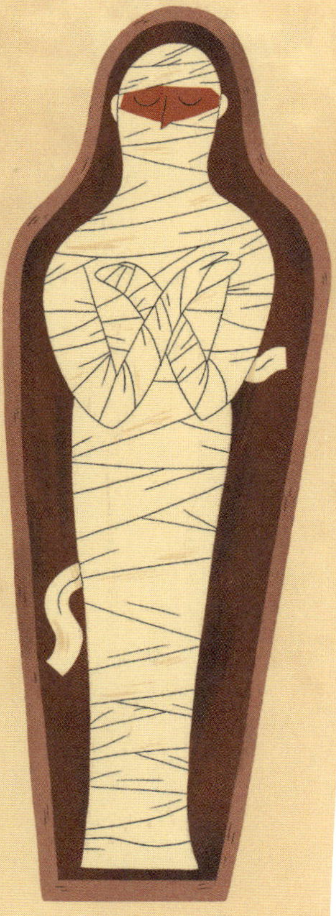

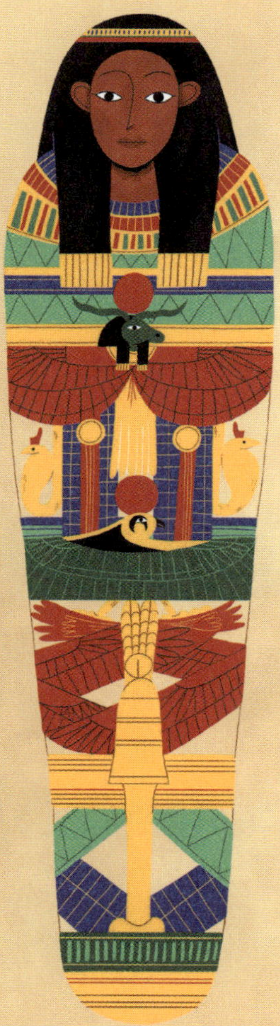

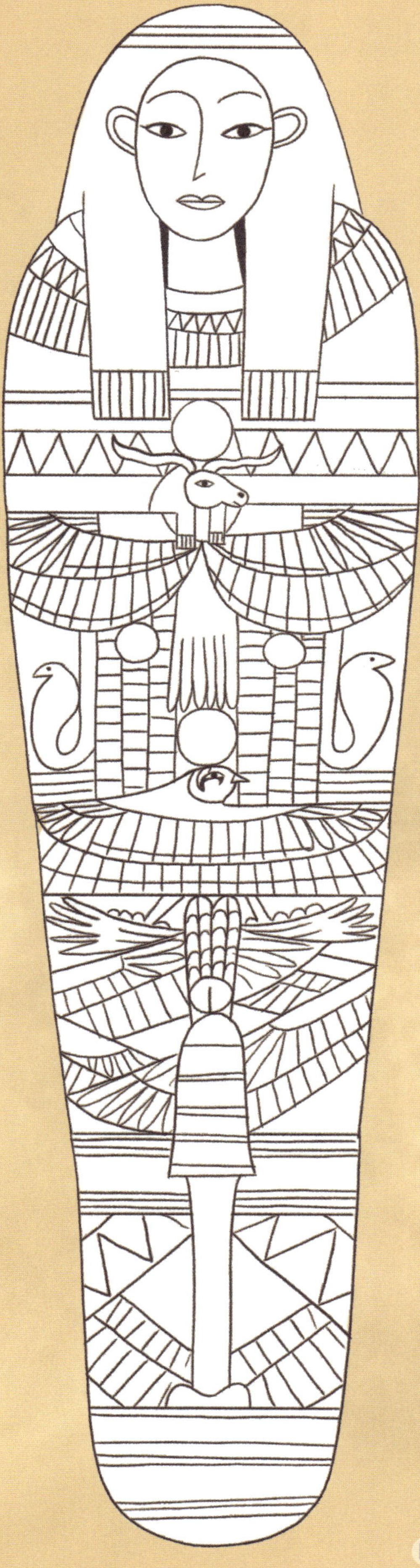

LES VASES CANOPES

Quand les Égyptiens momifiaient un corps, ils plaçaient le foie, l'estomac, les poumons et les intestins dans de petits vases fermés et décorés que l'on appelle des vases canopes. Toujours au nombre de quatre, ils étaient fabriqués en terre cuite, peints et décorés puis déposés près du sarcophage. Selon la croyance de l'époque, cela permettait à la momie de retrouver ses organes quand son âme passait dans l'autre monde.

LE SAIS - TU ?

Chaque couvercle de ces vases canopes représentait un génie, fils du dieu Horus. Pour le foie, le génie Amset à tête humaine ; pour l'estomac, le génie Douamoutef à tête de chacal ; pour les poumons, le génie Hâpi à tête de babouin et pour les intestins, le génie Kébehsénouf à tête de faucon.

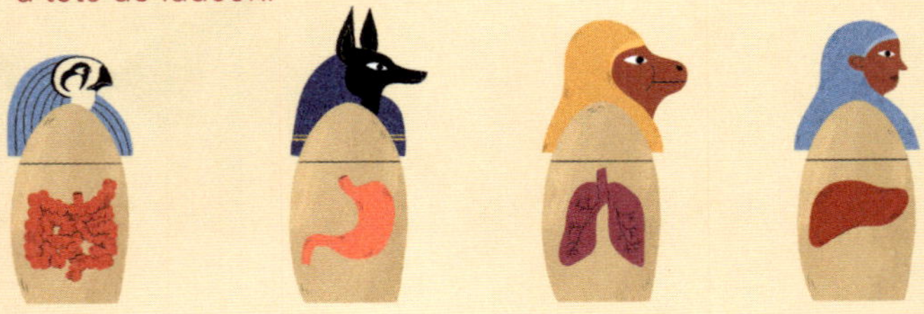

génie Kébehsénouf génie Douamoutef génie Hâpi génie Amset

Complète et colorie les quatre vases canopes !

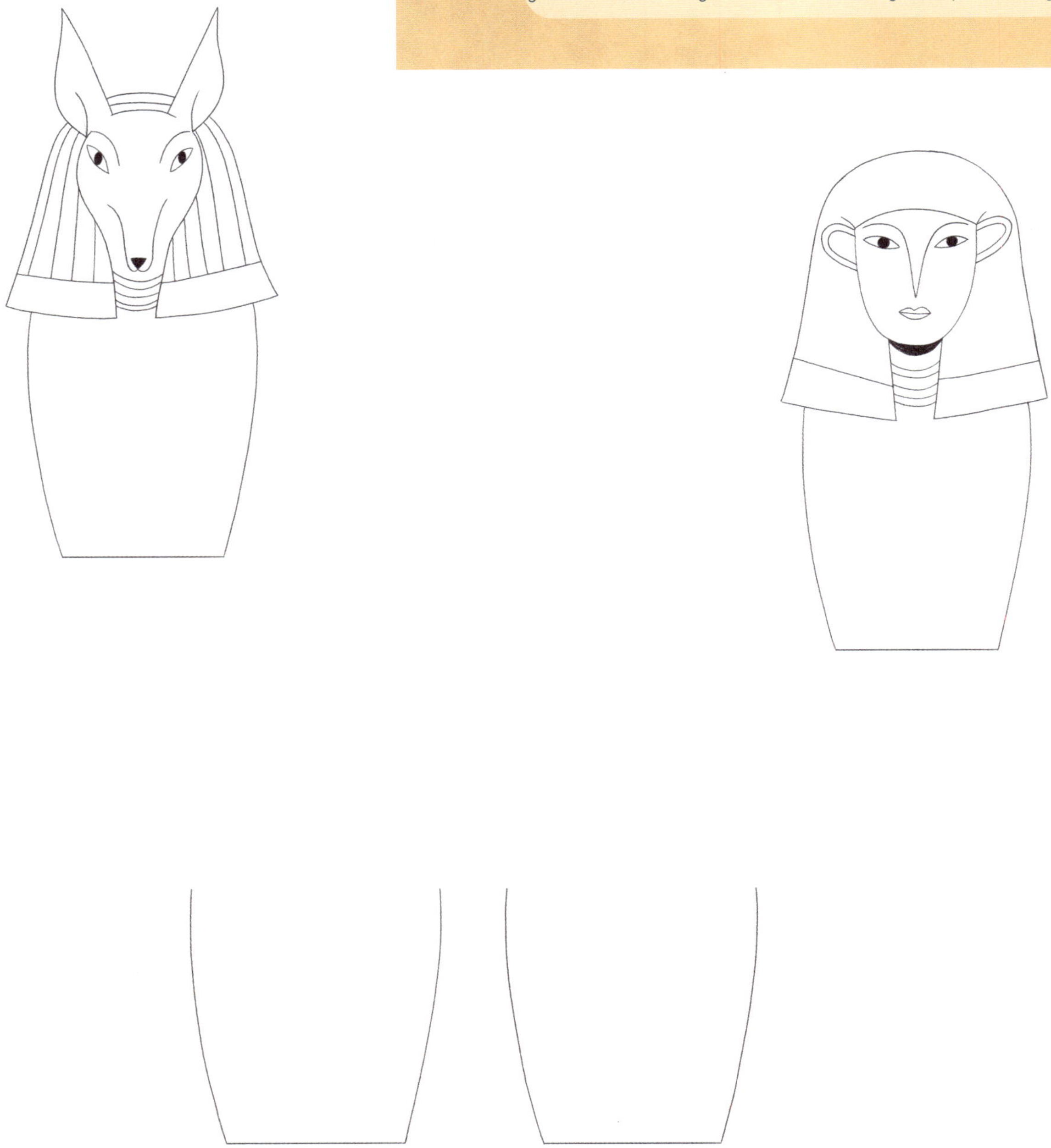

Pour la fabrication des vases, on utilisait l'argile du Nil, on la foulait au pied, puis l'aplatissait à la main et enfin, on la formait grâce à un plateau tournant. Ensuite, le vase était cuit au four !

Imagine et dessine les quatre étapes de la fabrication de ton vase comme un petit mode d'emploi.

1

2

3

4

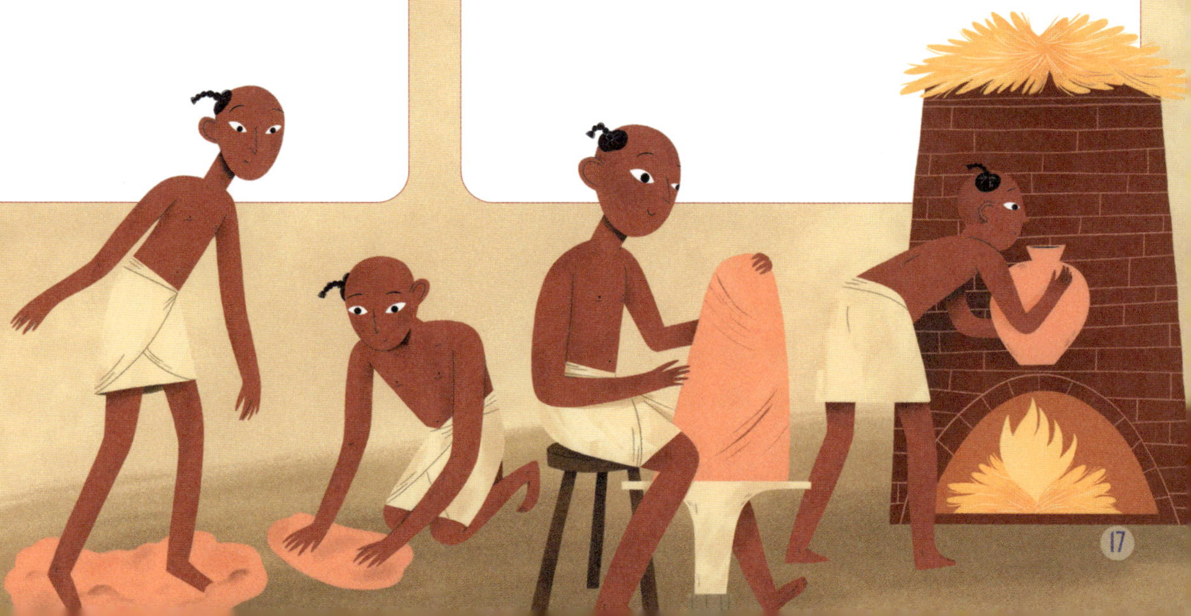

LES HIÉROGLYPHES

L'écriture est apparue dans l'Égypte antique vers 3 000 avant J.-C. avec l'utilisation des hiéroglyphes. Ce sont des idéogrammes, c'est-à-dire des dessins qui représentent une idée ou un mot, mais ils peuvent aussi être des phonogrammes, c'est-à-dire des dessins qui représentent un son.
C'est grâce à une grande pierre noire, découverte à Rosette, que l'on a pu découvrir le sens des hiéroglyphes. Champollion l'a déchiffrée et une traduction en français a pu voir le jour.

LE SAIS - TU ?

Ce sont les scribes qui écrivaient des hiéroglyphes. Il en existe une très célèbre représentation : la sculpture du *Scribe accroupi*, parfois nommée la Joconde égyptienne car on a l'impression qu'il nous suit des yeux, tout comme la Joconde ! Et puis, as-tu remarqué ? Il n'est pas accroupi comme son nom l'indique mais assis en tailleur, ce qui permet de tendre son pagne et d'en faire un support d'écriture. Enfin, il a perdu son pinceau en roseau, le calame, pour écrire les hiéroglyphes.

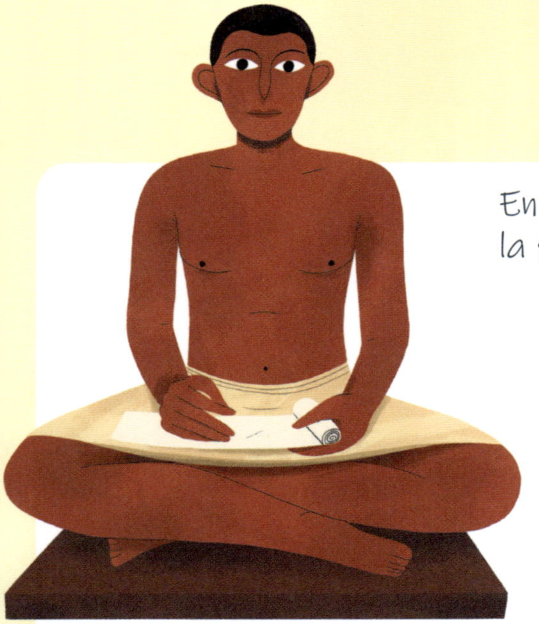

En prenant exemple sur l'original, essaie de reproduire la sculpture et de la compléter avec son pinceau.

Avec les éléments donnés ici, essaie d'écrire ton prénom en hiéroglyphes !

Choisis ton sens d'écriture et de lecture :
On peut écrire de haut en bas ou de droite à gauche et de gauche à droite. Pour trouver le sens de lecture, on cherche la représentation d'un animal ou d'un humain et on lit de sa tête vers sa queue ou de ses yeux vers son dos.

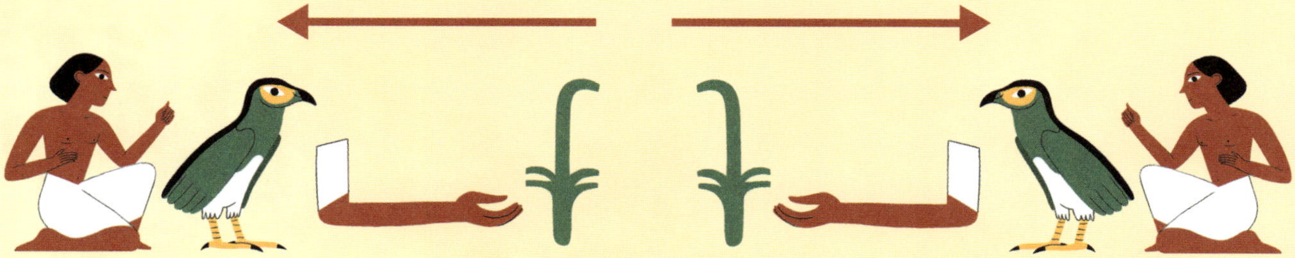

Puis grâce à l'alphabet phonétique suivant, choisis les dessins qui correspondent aux sons des lettres de ton prénom. Ensuite, dessine-le dans le cartouche. Attention, quand les symboles sont petits, tu peux les superposer !

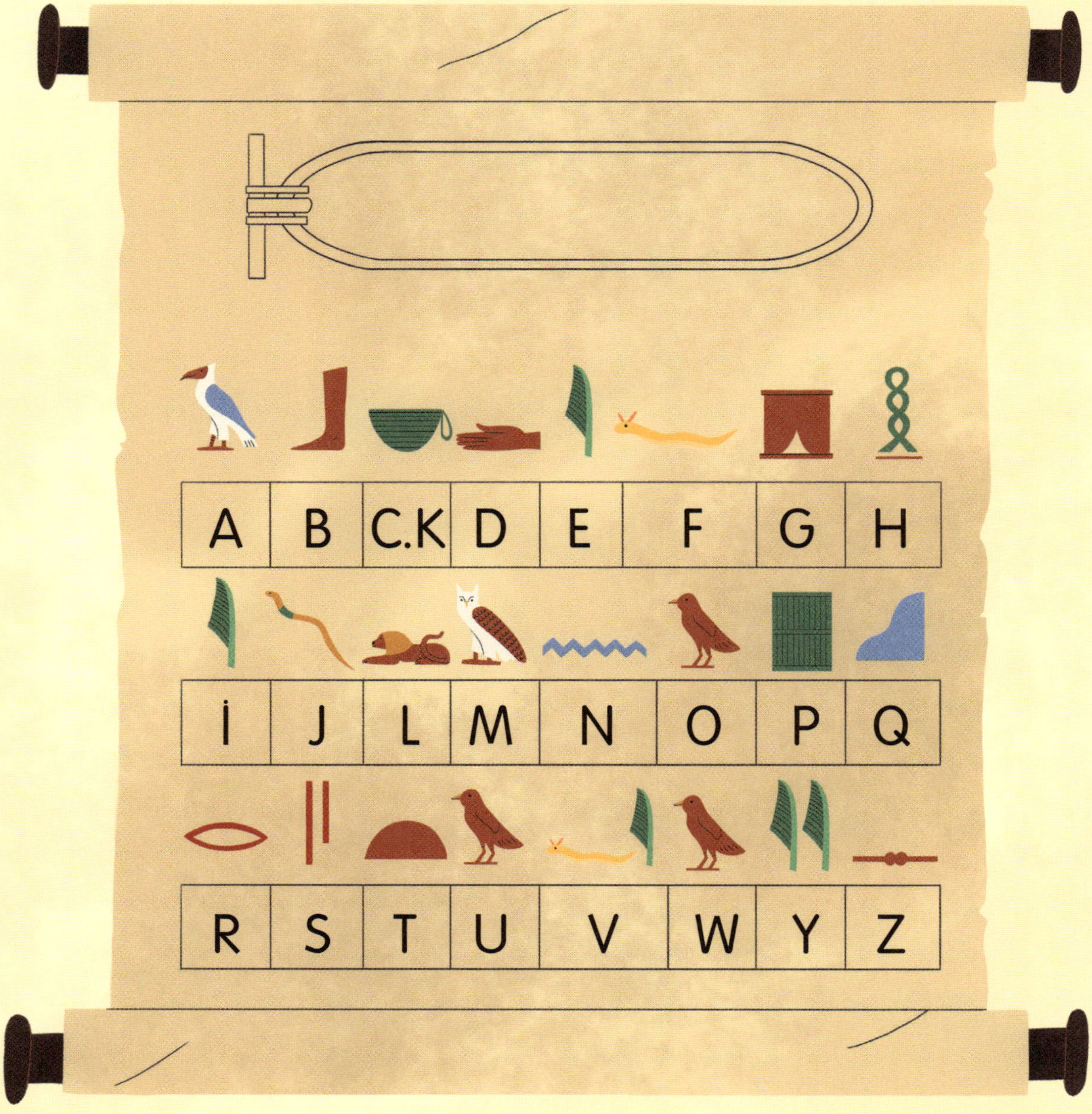

LE PAPYRUS

Le papyrus est une plante à partir de laquelle les Égyptiens ont inventé un support d'écriture. Ils découpaient la tige en lamelles qu'ils humidifiaient puis assemblaient entre elles pour former des feuilles et des rouleaux. Les scribes y écrivaient ou y dessinaient. Pour lire un rouleau de papyrus, on le déroule en le tenant à deux mains. Le papyrus a voyagé jusqu'à Rome et bien au-delà, tant il était pratique. On pouvait également en faire des emballages, des chandelles, des cordes, des voiles ou encore des bateaux !

Dessine le papyrus sous ses deux formes : la plante, puis le rouleau sur lequel on écrivait les hiéroglyphes.

LE SAIS - TU ?

Pour créer une feuille de papyrus, il faut disposer les bandelettes une fois dans le sens horizontal, une fois dans le sens vertical, jusqu'à créer un assemblage qui fera apparaître un tissage ou un damier.

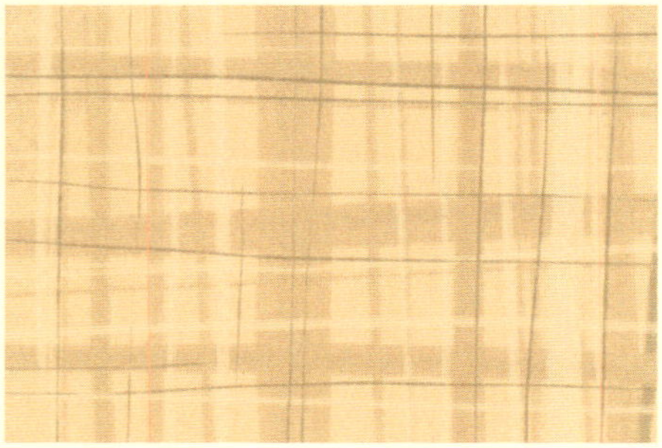

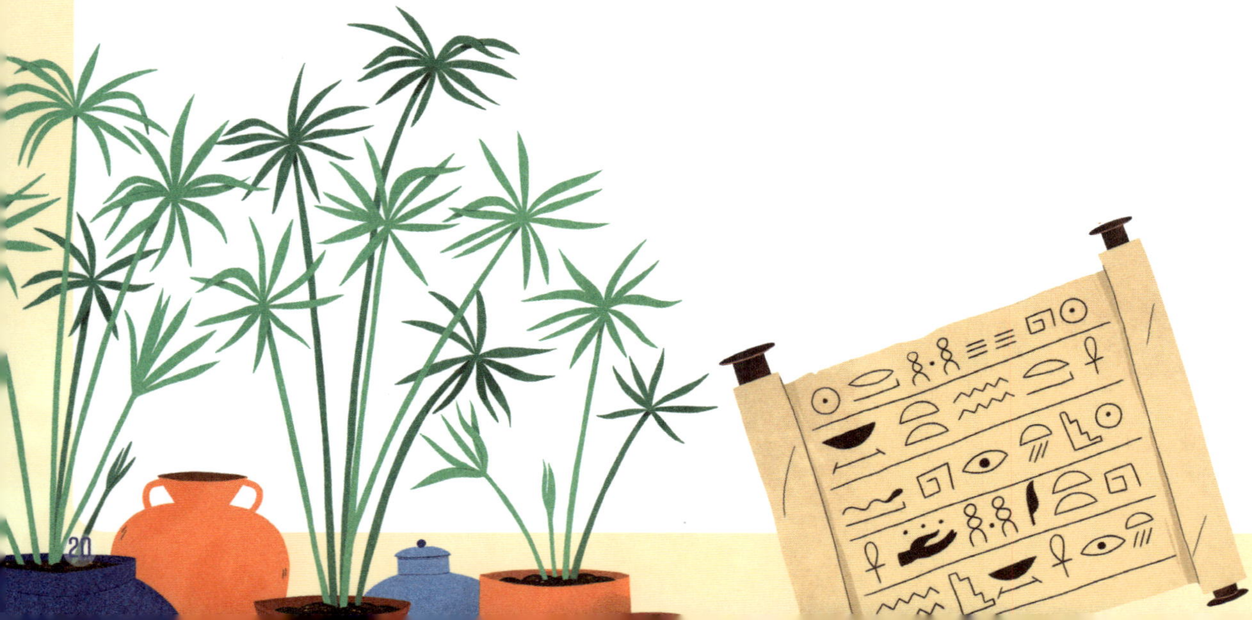

Voici une belle feuille de papyrus, dessine ce que tu as envie dessus !

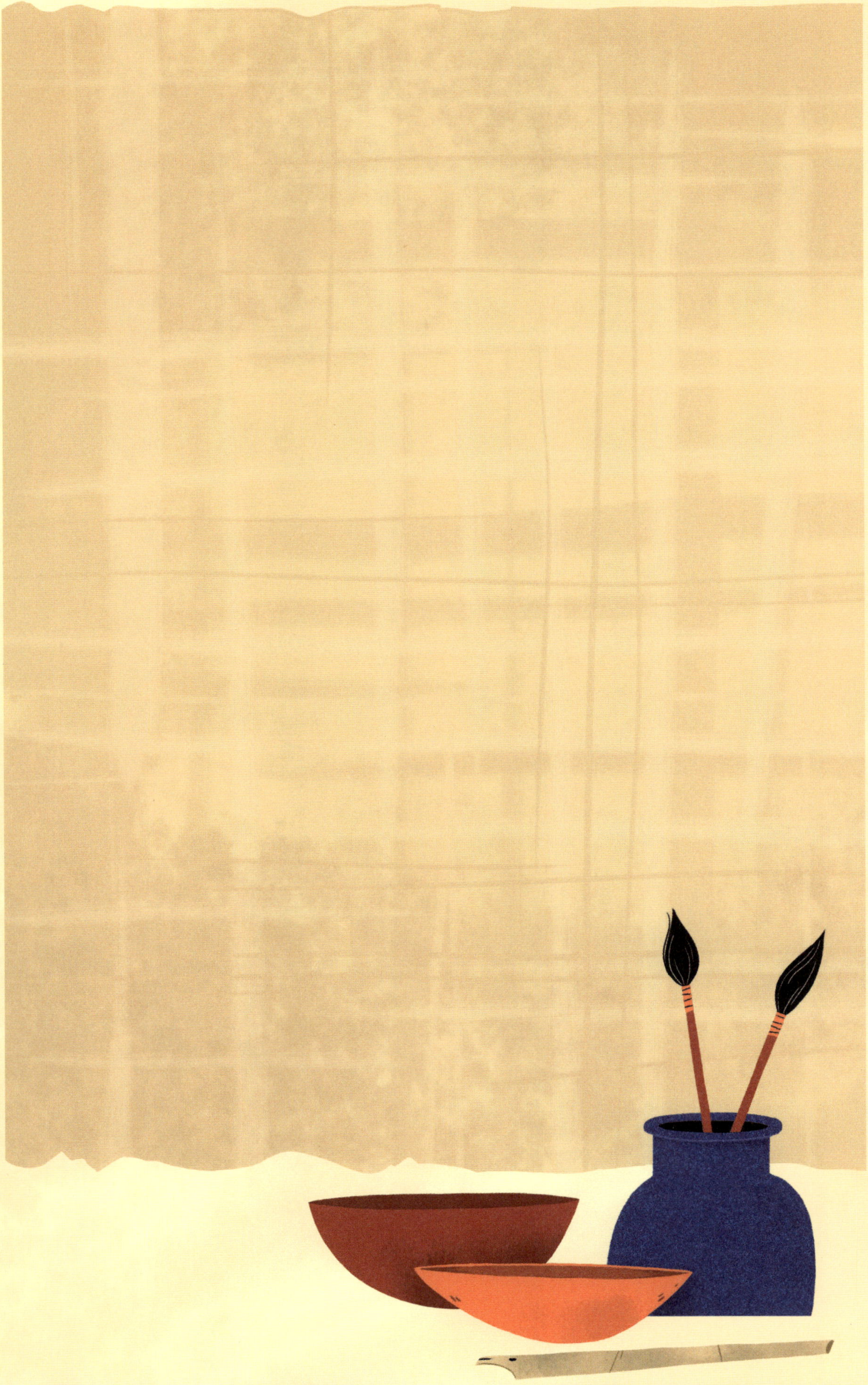

LES MATHÉMATIQUES

Les Égyptiens furent à la fois des grands bâtisseurs et des grands commerçants. Pour cela, il leur fallait une connaissance essentielle, celle des mathématiques. L'arithmétique et la géométrie étaient les deux spécialités égyptiennes pour leur permettre de résoudre des cas concrets comme l'inventaire des récoltes, la distribution de nourriture, le comptage des troupeaux, le calcul et la mesure des pentes de pyramides, de la hauteur des temples, des portes.

LE SAIS-TU ?

Les Égyptiens comptaient en unités, dizaines, centaines, milliers, toujours en une puissance de 10 représentée par un symbole. Les nombres s'écrivaient en juxtaposant et en additionnant les symboles.

En t'aidant du tableau ci-dessous et de l'exemple, essaie d'écrire des nombres !

Exemple : 2423 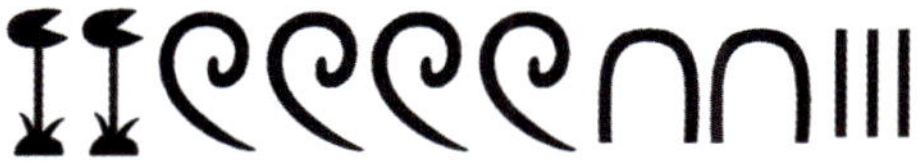

1	10	100	1000	10000	100000	1000000

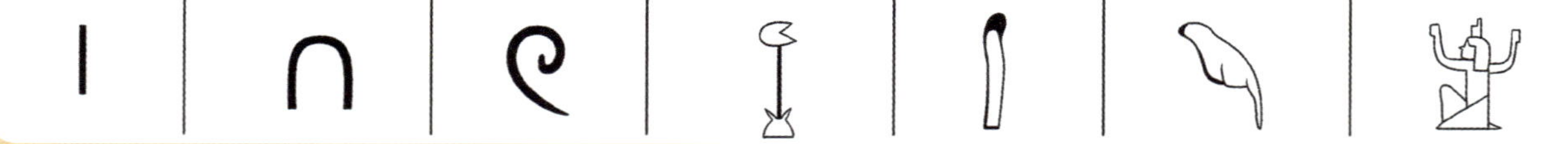

La géométrie dans l'Égypte antique permet de mesurer les superficies et de calculer les volumes pour l'édification des monuments.

Toi aussi, avec des formes géométriques, dessine une pyramide ou un temple en volume.

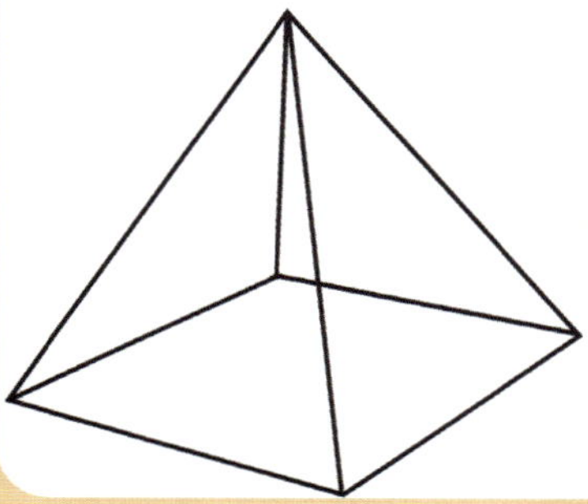

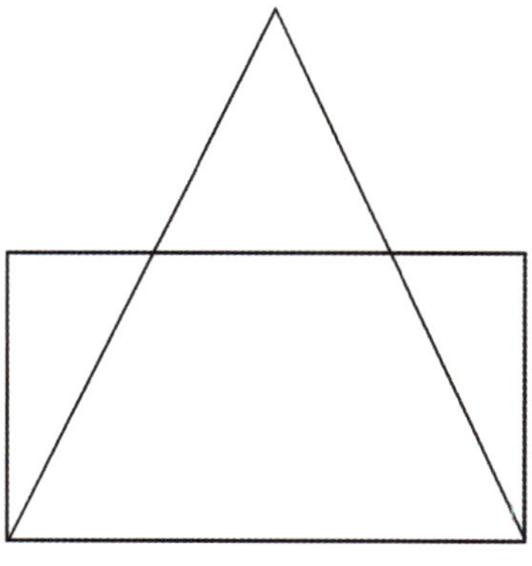

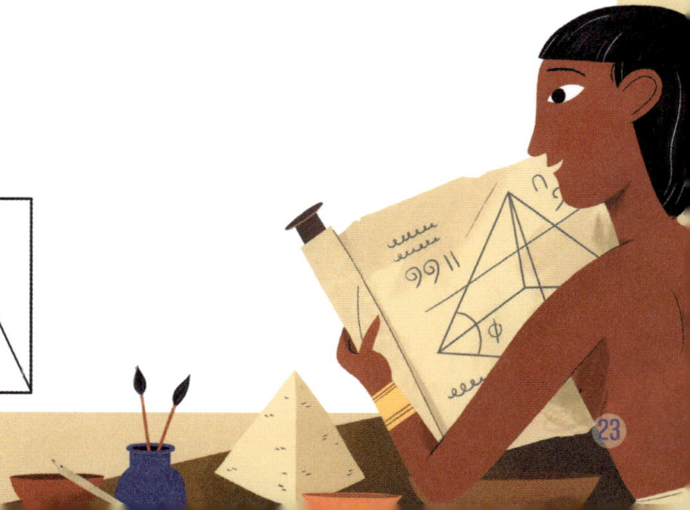

LES TEMPLES D'ABOU SIMBEL

Au sud de l'Égypte, à Abou Simbel, le pharaon Ramsès II ordonna vers 1 260 avant J.-C. la construction de deux temples creusés dans la roche. Le premier, le plus grand des deux, était consacré au dieu du soleil Rê et au pharaon. Le deuxième était érigé pour sa femme Nefertari. Ils étaient inconnus jusqu'à ce qu'un chercheur suisse les découvre au début du XIXe siècle alors qu'ils étaient entièrement recouverts de sable. À l'intérieur, les temples sont richement décorés. Le Grand temple présente trois salles en enfilade dont les murs sont recouverts de gravures et de peintures qui, deux jours par an, sont éclairées par les rayons du soleil.

LE SAIS-TU ?

Dans la première salle du Grand temple, des statues de Ramsès II vêtu d'un pagne, bras croisés avec le sceptre et le fléau, prennent appui sur les murs recouverts de scènes de bataille ou de portraits de sa famille.

Et si c'était ton temple ? Comment l'aurais-tu décoré ?

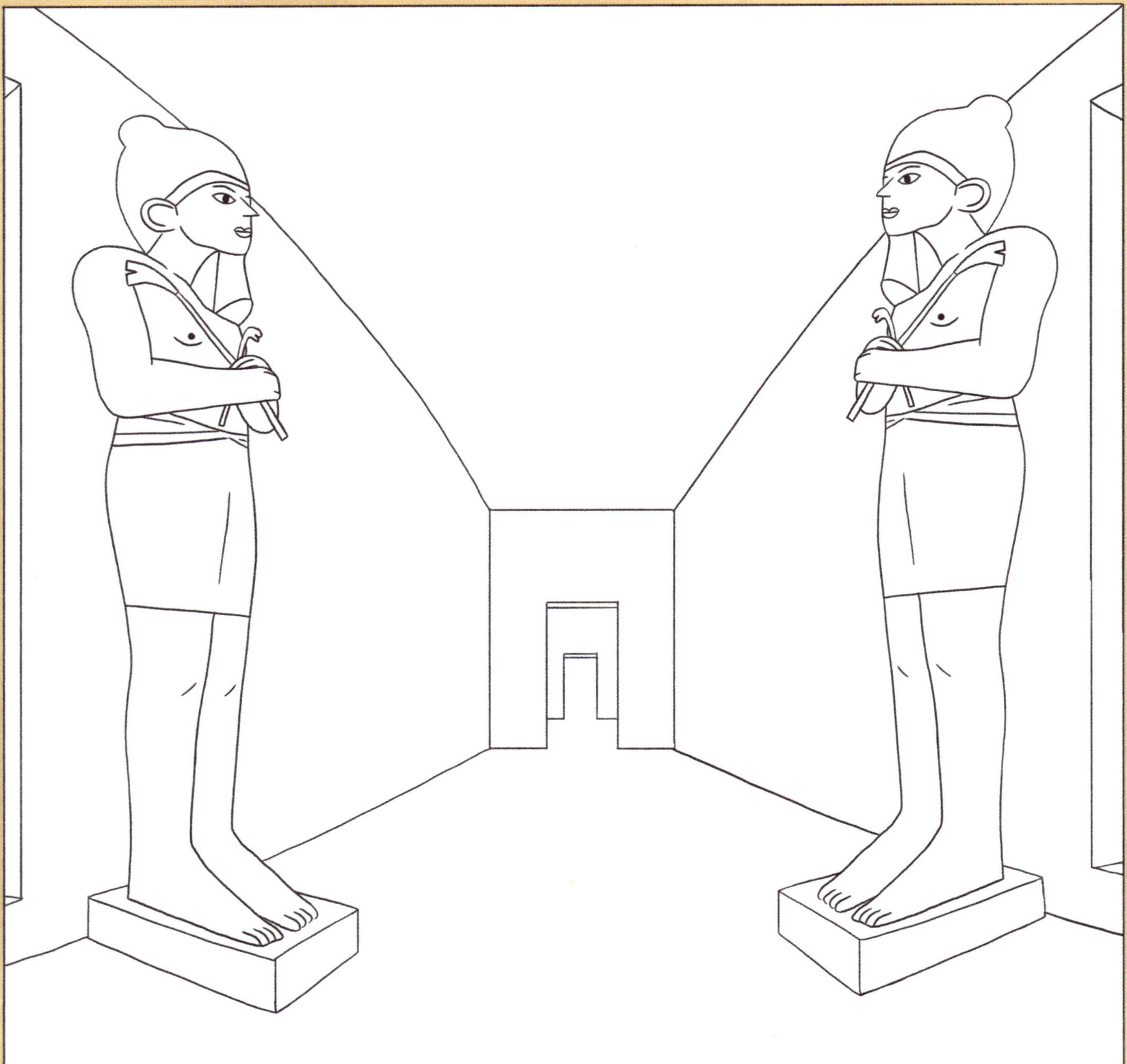

La façade du Grand temple se compose de quatre immenses statues assises qui représentent Ramsès II, des frises et des petites sculptures en bas-reliefs. À l'origine la façade était colorée ! Amuse-toi à lui redonner sa beauté !

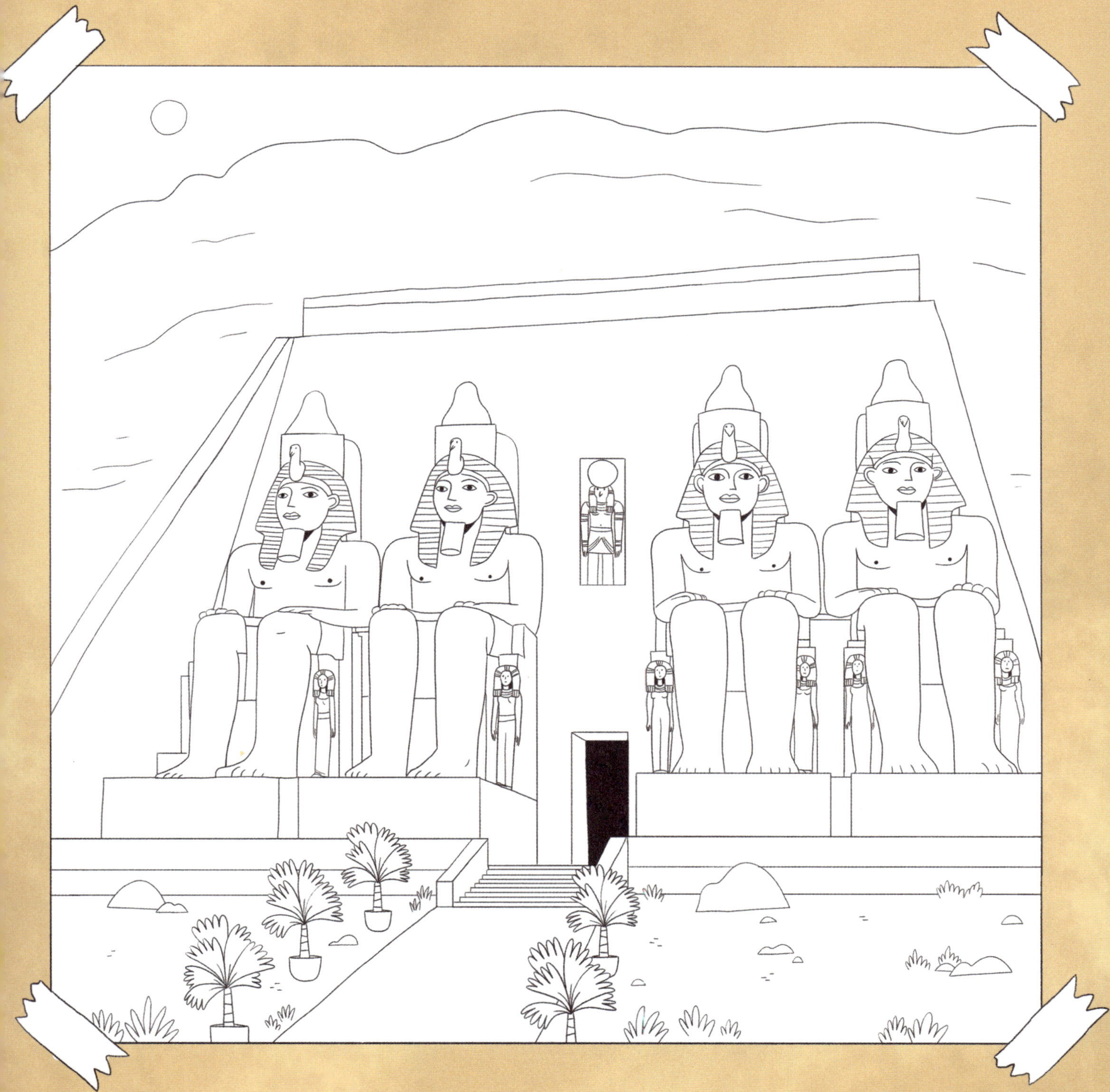

AU BORD DU NIL

De tout temps, le Nil est le trésor de l'Égypte. Il est l'un des plus longs fleuves du monde. Grâce à lui, la civilisation égyptienne a pu se développer, car il apporte l'eau et le limon nécessaires aux cultures, mais il est aussi une voie importante de navigation et d'échanges. Le Nil offre des paysages magnifiques, notamment au coucher du soleil où les monuments et habitations prennent une couleur ocre. Les felouques, les bateaux à voile blanche dont le mât est incliné, sont caractéristiques du pays. Ils voguent calmement sur le fleuve, donnant un aspect poétique au paysage.

LE SAIS-TU ?

Les palmiers qui bordent le Nil sont souvent des dattiers. Ils peuvent mesurer jusqu'à 30 mètres de haut, leur tronc est cylindrique et surmonté de grandes palmes vertes. Ils sont parfois regroupés en palmeraie qui forme une oasis de verdure au bord de l'eau et donnent des grappes de dattes sucrées que l'on mange fraîches ou séchées.

À quoi ressemblerait ta palmeraie de dattiers ? un bosquet touffu de palmiers ou des grands palmiers élancés ? un mélange des deux ? Laisse libre cours à ton imagination !

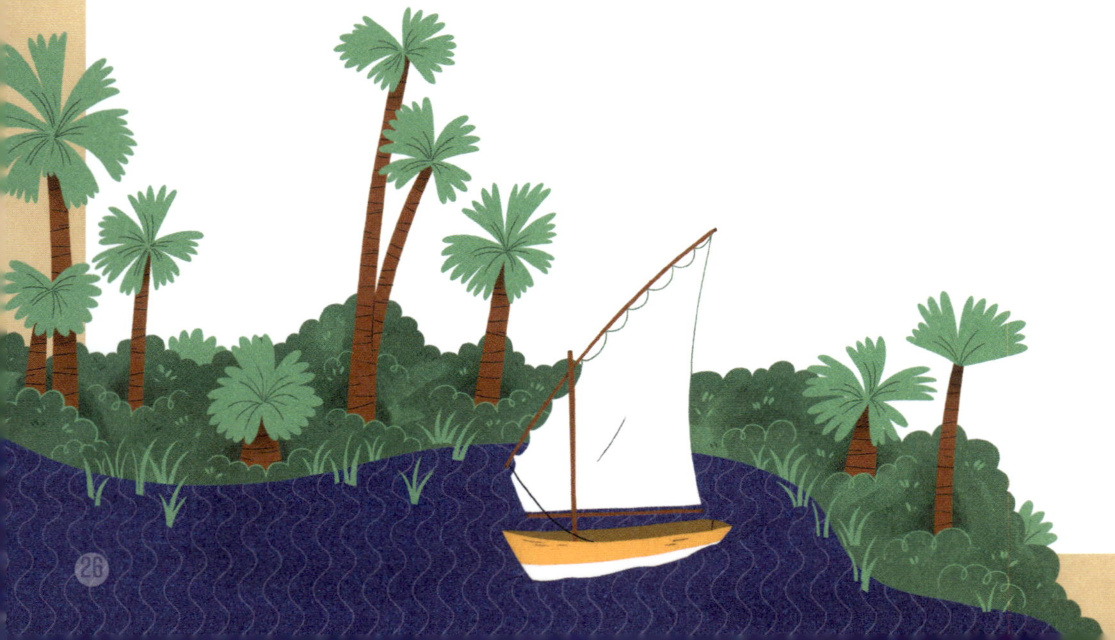

Place au rêve ! Complète ce joli paysage égyptien de la vallée du Nil, comme si tu y étais !

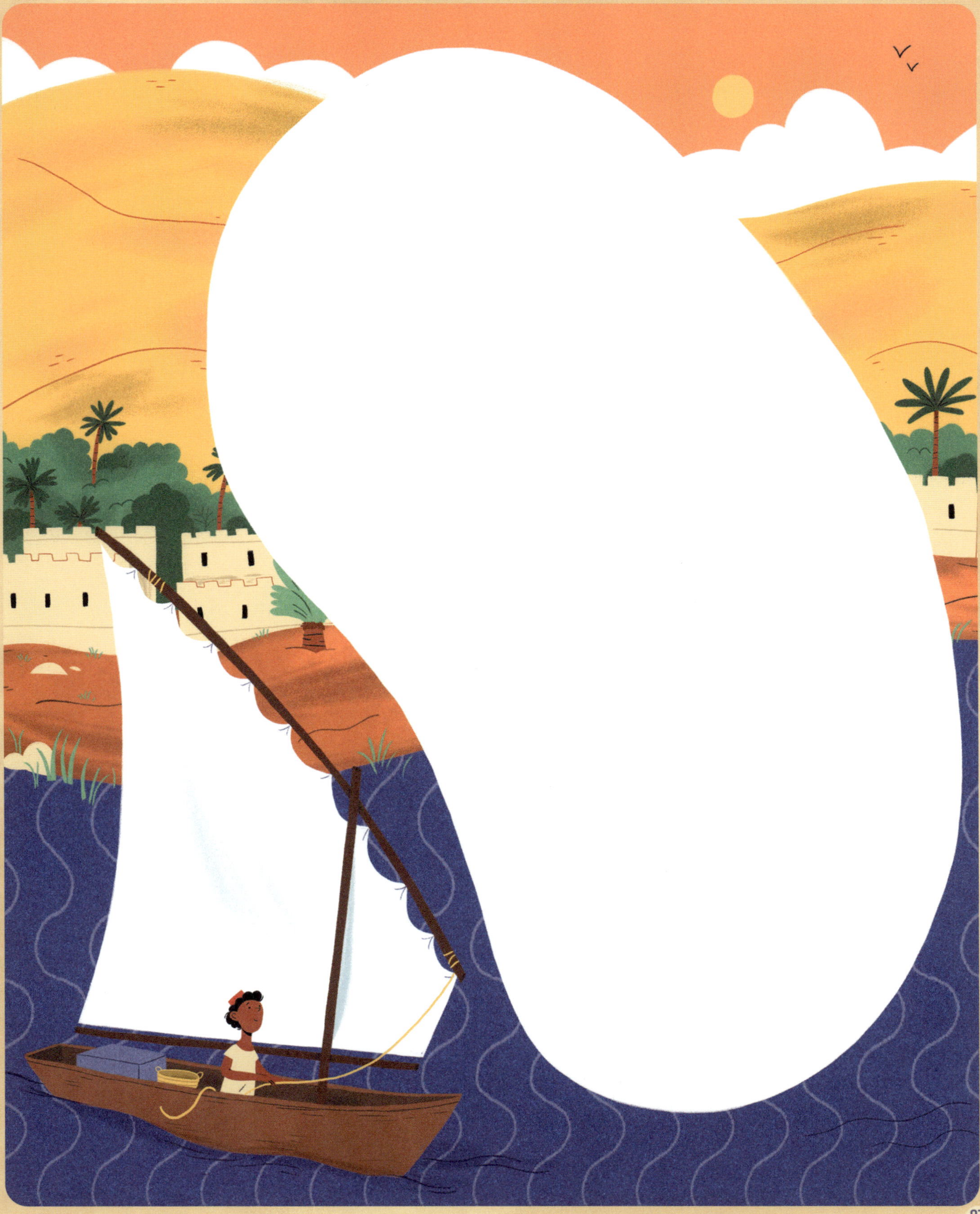

LE CHAT SACRÉ

Bastet est la déesse chat de l'Égypte antique, elle est la fille de Rê, le dieu soleil. Elle s'est battue contre le serpent Apophis qui voulait répandre le chaos et le mal. Bastet gagna la bataille et c'est ainsi qu'elle symbolise la protection du foyer. Les rois pensaient que les chats domestiques étaient la réincarnation de la déesse sur terre. C'est ainsi que dans les palais royaux, ils étaient considérés comme des membres à part entière dans la famille. Ils portaient des colliers d'or et de pierres précieuses. Mais ils étaient surtout très appréciés car ils chassaient les serpents, les insectes, les souris et les rats qui venaient manger les réserves de nourriture !

LE SAIS-TU ?

Bastet pouvait à la fois être représentée comme une femme à tête de chat ou entièrement comme une chatte.

Dessine-la comme tu préfères !

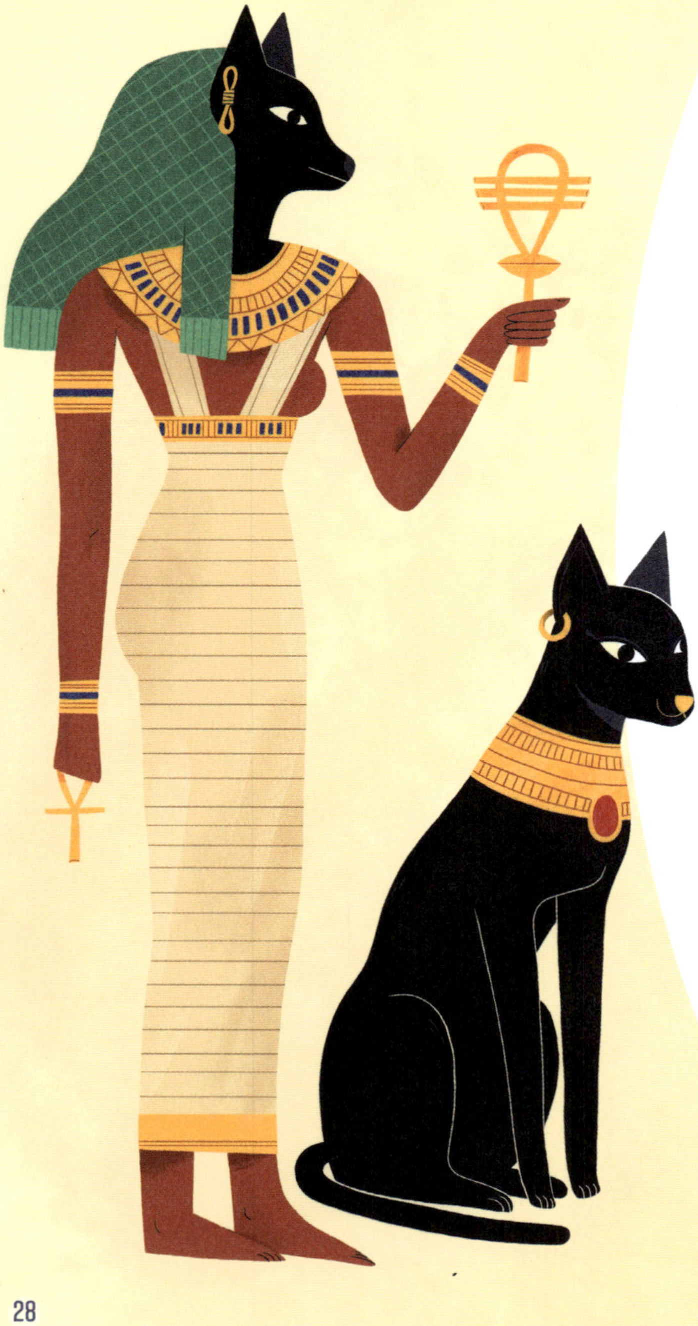

La déesse était très vénérée dans la ville de Bubastis, non loin du Caire. Un temple lui était dédié et de très nombreux chats y vivaient !

Dessine dans le temple ci-dessous, tous les chats que tu voudras !

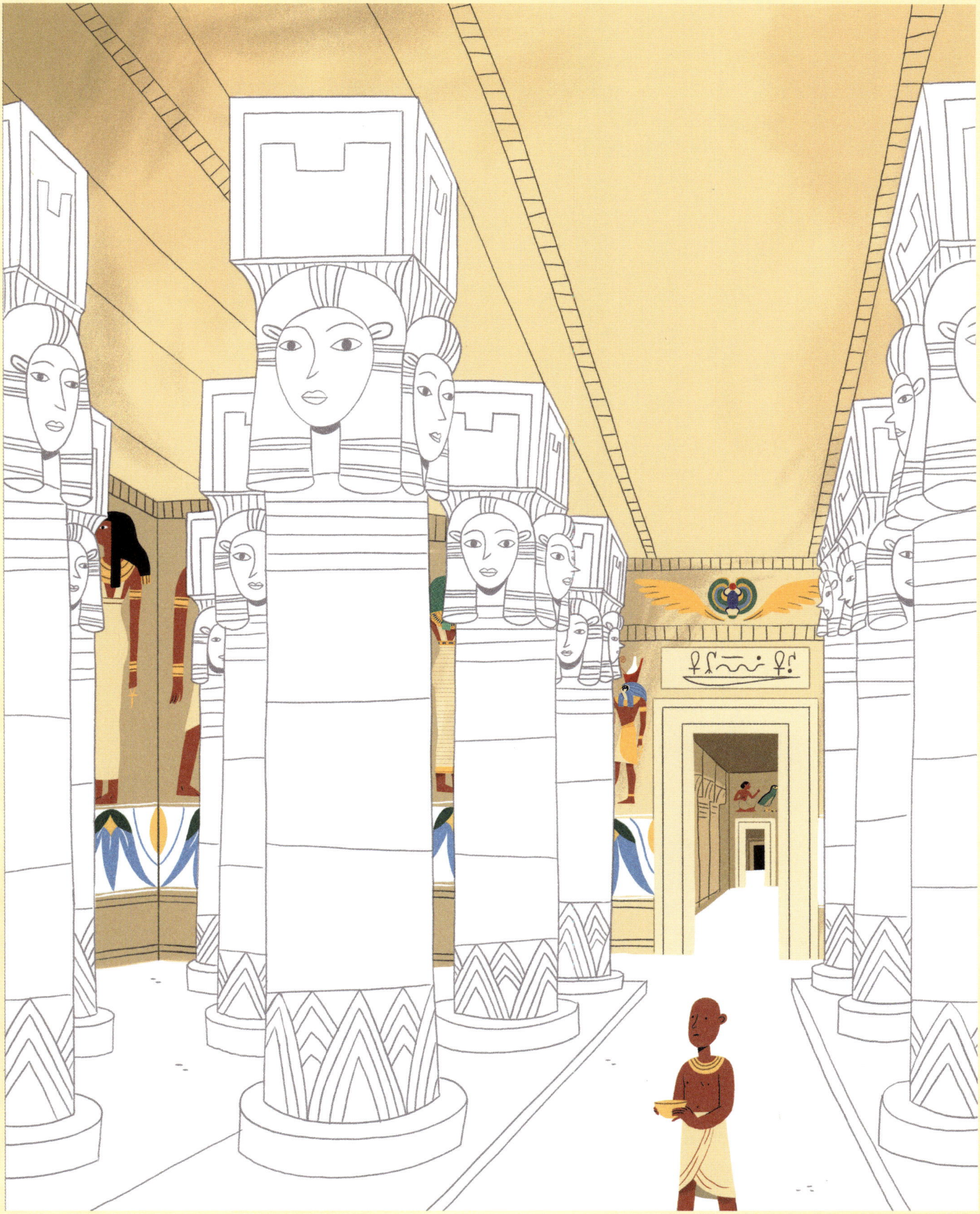

LE GRAND MUSÉE ÉGYPTIEN

Le grand musée égyptien du Caire est le plus grand musée au monde consacré à l'Égypte antique. Il abrite plus de 100 000 objets. Tous les trésors de la tombe de Toutankhamon y sont exposés, y compris ses chars recouverts de feuilles d'or et incrustés de pierres précieuses. Mais aussi l'incroyable barque solaire de Khéops, un des vestiges les plus importants de l'Égypte antique. Les objets monumentaux ont été transportés avec grand soin dans des processions et des cérémonies incroyables.

À toi ! Imagine un convoi exceptionnel et dessine de manière stylisée, c'est-à-dire sans les détails, un objet égyptien de ton choix !

LE SAIS - TU ?

La barque solaire de Khéops est constituée de 1 224 pièces de bois de cèdre du Liban et pèse 20 tonnes. Elle mesure 43,5 mètres de long. Elle a été découverte dans la chambre funéraire de la pyramide de Khéops à Gizeh. Elle a été acheminée par un convoi exceptionnel au grand musée égyptien. Elle était recouverte d'une bâche noire et d'un dessin stylisé lumineux qui la représentait.

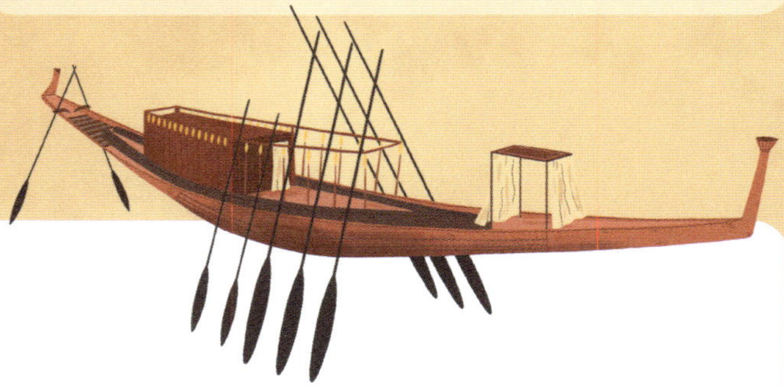

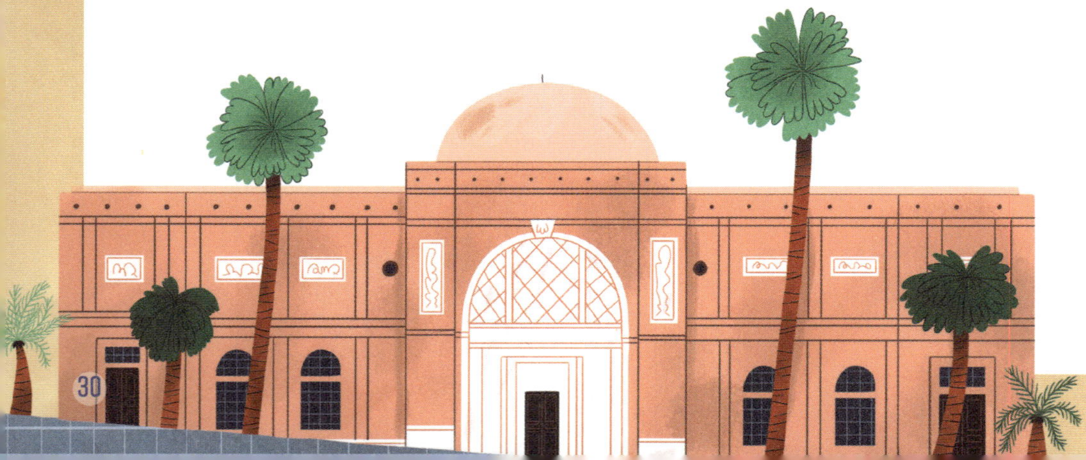

À l'entrée du musée, les visiteurs sont accueillis par le colosse de Ramsès II. Cette sculpture en granit mesure 11 mètres de haut et pèse 83 tonnes. Lors de son installation au musée, une fanfare a défilé en jouant de la musique !

Redonne des couleurs à cette incroyable scène !

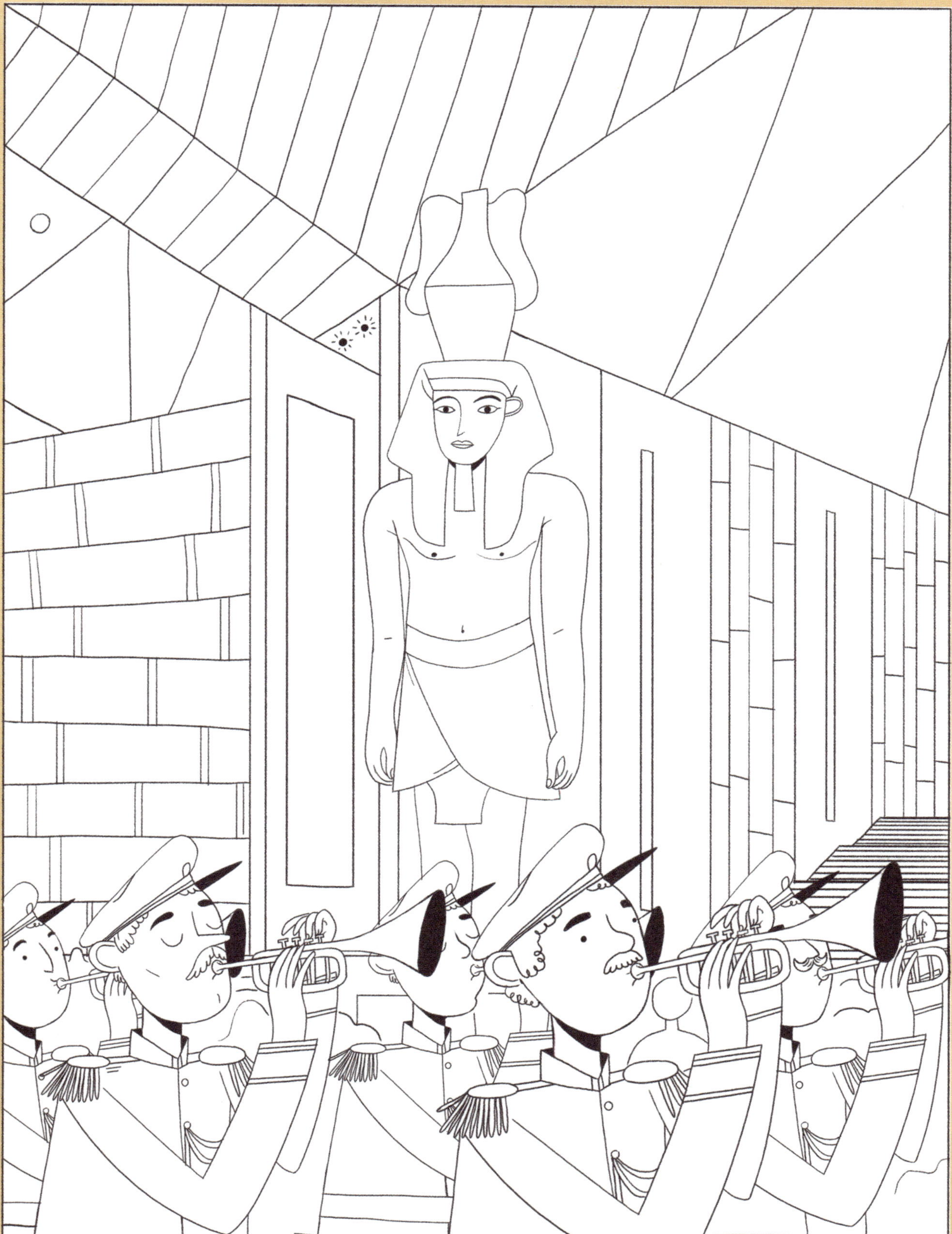

Colorie ce joli motif !

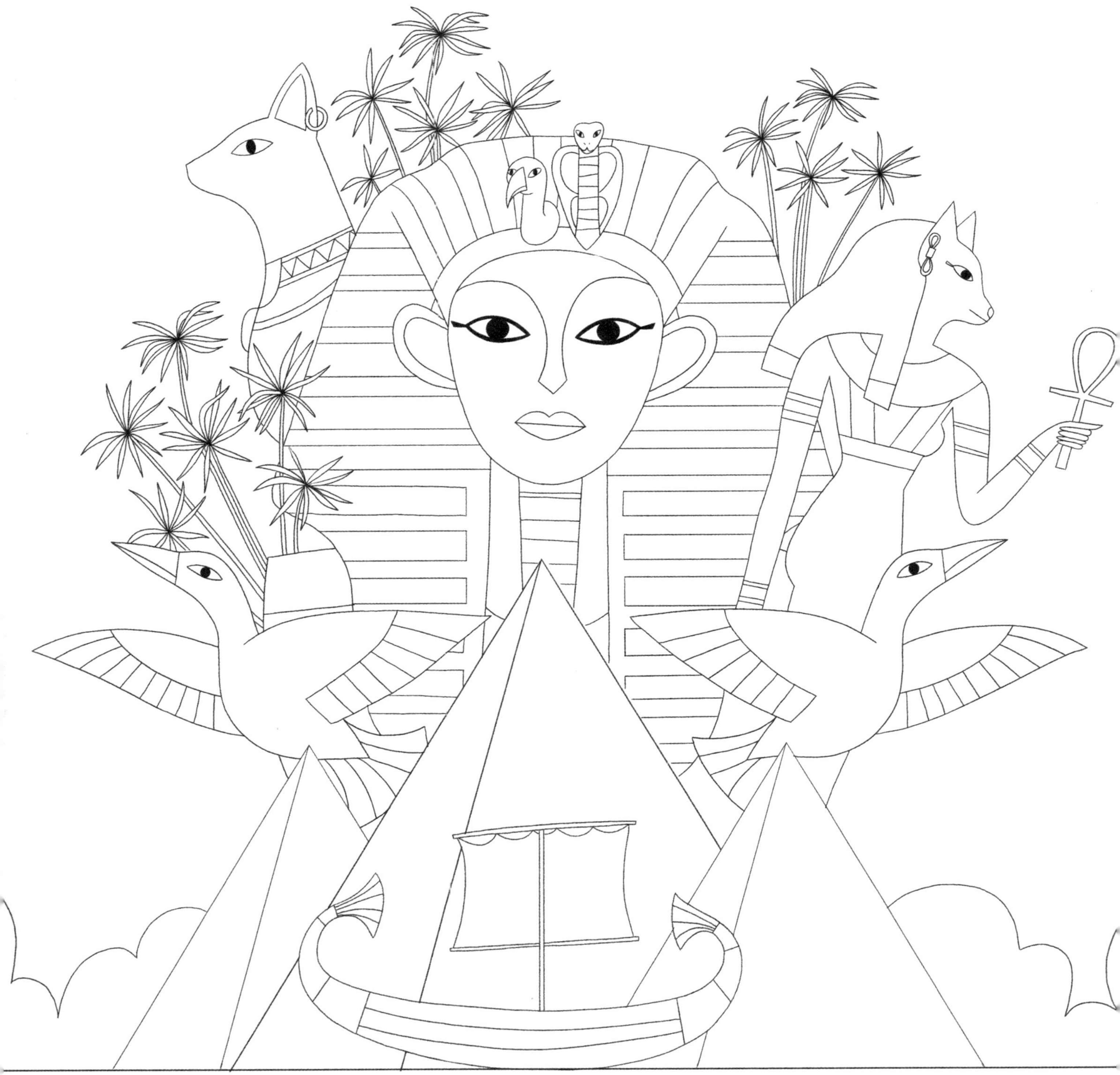